Aqueles que amam

Copyright by © Petit Editora e Distribuidora Ltda., 2021

Coordenação editorial: Ronaldo A. Sperdutti
Projeto gráfico e editoração: Juliana Mollinari
Capa: Juliana Mollinari
Imagens da capa: Pixabay
Assistente editorial: Ana Maria Rael Gambarini
Revisão: Alessandra Miranda de Sá

Dados Internacionais de Catalogação na Publicação (CIP)
(Câmara Brasileira do Livro, SP, Brasil)

```
Carlos, Antônio (Espírito)
   Aqueles que amam / Espírito Antônio Carlos,
[psicografia de] Vera Lúcia Marinzeck de Carvalho. --
14. ed. -- Catanduva, SP : Petit editora, 2020.

   ISBN 978-65-5806-005-5

   1. Espiritismo 2. Psicografia 3. Romance espírita
I. Carvalho, Vera Lúcia Marinzeck de. II. Título.
```

20-50252   CDD-133.93

Índices para catálogo sistemático:

1. Romance espírita psicografado 133.93

Aline Graziele Benitez - Bibliotecária - CRB-1/3129

Direitos autorais reservados. É proibida a reprodução total ou parcial, de qualquer
forma ou por qualquer meio, salvo com autorização da Editora.
(Lei nº 9.610, de 19 de fevereiro de 1998)
Traduções somente com autorização por escrito da Editora.
Impresso no Brasil, 2021.

Prezado(a) leitor(a),
Caso encontre neste livro alguma parte que acredita que vai interessar ou mesmo ajudar
outras pessoas e decida distribuí-la por meio da internet ou outro meio, nunca deixe de
mencionar a fonte, pois assim estará preservando os direitos do autor e, consequentemente,
contribuindo para uma ótima divulgação do livro.

14-1-21-3.000-91.750

VERA LÚCIA MARINZECK DE CARVALHO
Ditado pelo Espírito ANTÔNIO CARLOS

Aqueles que Amam

Av. Porto Ferreira, 1031 | Parque Iracema
Catanduva-SP | CEP 15809-020
17 3531.4444
www.petit.com.br | petit@petit.com.br
www.boanova.net | boanova@boanova.net

Sumário

Introdução 7

Capítulo 1 – A mudança 15

Capítulo 2 – Lourdinha 25

Capítulo 3 – Um incidente 35

Capítulo 4 – A estalagem...................................47

Capítulo 5 – Uma outra mudança............................57

Capítulo 6 – Querendo aprender a amar 69

Capítulo 7 – José Maria 79

Capítulo 8 – Com a família.................................91

Capítulo 9 – A construção do novo colégio 101

Capítulo 10 – A casa assombrada...........................113

Capítulo 11 – Tramas no convento 125

Capítulo 12 – O grupo desfeito............................141

Capítulo 13 – A tarefa realizada..........................153

Epílogo...167

Introdução

Muitas vezes nos entristecemos com as lembranças do passado. Porém, nossos atos nos pertencem. As boas ações nos ensinam, é de bom senso que as recordações das más ações nos motivem a repará-las. Mas mesmo os que já se sentem quites consigo mesmos emocionam-se diante de fatos passados.

Espanha. Auge da Inquisição. Médico esforçado, gostava da profissão. Tive a honra, era assim que sentia naquela época, de curar de uma doença de difícil tratamento um monsenhor da Santa Inquisição, na região onde residia.

Vivia bem com minha família. Relativamente bem, já que naquela época todos tinham medo, estavam inseguros. Era casado, tinha quatro filhos, todos sadios, morávamos numa casa grande e bonita.

Este monsenhor (não citarei nomes porque, para mim, nomes são transitórios, não importam, e ser denominado numa encarnação em que espalhamos terror, medo e ódio é bem deprimente), grato, elegeu-me como médico da Congregação. Não gostei muito, mas, até aí, tudo bem, seriam pacientes a mais.

Mas sempre temos um "mas" que em certas colocações nos incomoda. Fui chamado para uma conversa particular com o monsenhor.

"Meu caro doutor" – disse ele arrogante –, "confio em você. Sabe que gosto que um médico assista às sessões de interrogatório. E escolhi você para ficar no lugar do médico anterior."

"O que aconteceu com o doutor C...?" – indaguei assustado.

"Ele não é digno de continuar com tão importante trabalho para a Igreja. É um traidor!"

Diante de sua resposta, não ousei recusar o convite. Falei gaguejando:

"Não sei se estou à altura do cargo que me oferece."

"Está! Eu acho e está!" – respondeu o monsenhor autoritário, olhando-me prepotente. – "Você não vai se negar a aceitar, não é? Alerto que se negar considerarei como desfeita."

"É que gosto de clinicar e..."

"Ora, poderá continuar, trabalhará conosco somente alguns dias por mês. É dinheiro? Claro! Não se preocupe, será bem remunerado. Começa na quinta-feira, quando teremos um interrogatório."

Deu por encerrada a conversa. Fui para casa desesperado. Assim que cheguei, contei tudo à minha esposa.

"Fiquei sabendo que o doutor C... apareceu morto no rio" – contou ela. – "Não se sabe bem o que aconteceu, uns dizem que foi assassinado, outros, os mais chegados à família, dizem que se suicidou. A família está indo embora e levando só as roupas, como dizem por aí, estão deixando todos os bens para a Igreja. Vão se mudar para a França, onde têm parentes. Muito estranho, não acha? Já havia escutado que ele não queria mais trabalhar para o Santo Ofício. E deu nisto!"

"O que faço?" – indaguei-lhe aflito.

"Ora, meu caro, você não tem escolha. Trabalhe para eles."

"Sabe bem que terei que participar de interrogatórios que são realmente sessões de tortura. Meu trabalho será examinar os torturados para ver se aguentam ou não as barbaridades. Não posso aceitar..."

"Vai aceitar, sim!" – gritou ela autoritária. – "Vai! Você não tem escolha! Ou você trabalha ou quem será torturado será você! Ou nós! Não pensa na sua família? Que será de mim? De seus filhos?"

Tinha muitos argumentos. Ao ouvi-la, parecia que estava conhecendo apenas naquele momento sua verdadeira personalidade. Era ambiciosa e pensava nas vantagens que teríamos, seríamos bajulados por muitas pessoas e seríamos ricos. Mas também havia o medo, o temor de perder tudo, até a vida, e de maneira cruel.

Covarde, achei que não tinha escolha. Horrorizei-me no primeiro dia. Escutava falar das barbaridades, mas presenciá-las foi horrível. Fui para casa arrasado, vomitei a noite toda.

Quis fugir com a família para outro país, mas minha esposa me convenceu a ficar.

"Você se acostuma! Antes esses hereges do que você ou nós. Já pensou se não der certo nossa fuga? Já pensou suas filhas nas mãos desses homens?"

Fui ficando. Tentava às escondidas, quando era possível, amenizar o sofrimento dos prisioneiros, dos hereges, como eram chamados. Muitas vezes levava água em recipientes ocultos na roupa, dando-lhes remédios para aliviar as dores. Pedi perdão a muitos deles. Anos se passaram, covarde, não fui capaz de dizer não ao Santo Ofício, aos membros inquisidores. E sempre fui motivado a continuar pela minha esposa. Mas aqueles interrogatórios faziam-me muito mal. Tornei-me triste e adoeci.

Fiquei perturbado. Dizia estar cansado e o monsenhor me afastou. Minha família sentiu-se aliviada porque muitos doentes mentais eram tidos como possuidores do demônio, torturados e mortos. Minha esposa me prendeu em casa, contratou empregados para cuidar de mim. Nesta época estávamos bem ricos. Ou melhor, eles, meus familiares estavam.

As cenas cruéis que vi não me saíam da cabeça, desequilibrei-me, perdi a noção de tudo. Enlouqueci. Quando meu corpo físico morreu, minha família sentiu-se aliviada e continuaram a gastar a fortuna que acumulei.

Desencarnei, e em espírito continuei atormentado, a vagar pelo cemitério e pela antiga casa, mais perturbado do que antes. Não fui obsediado e ninguém me perseguiu querendo se vingar. Sofri pelos meus próprios atos. Nenhum indivíduo que vi sendo torturado me julgou culpado. Mas eu sim! E foi mais que suficiente. Nossa própria condenação é mais rígida. Por muitos anos fiquei com as cenas que presenciei na mente, não tinha descanso, lembrava-me delas noite e dia. Tinha consciência de minha culpa, mas também culpei minha esposa. Tive raiva dela, depois a odiei. Era ela, pensava, a maior culpada, a causa do meu sofrimento. Sempre é mais fácil colocar a culpa dos nossos erros nos outros. Só mais tarde entendi que nós dois fomos culpados e que não podia fugir dos meus erros. Mas, naquele momento, julgava-me no inferno, estava desesperado, culpava-a, achava que fora ela a me motivar, a me obrigar a ficar servindo ao Santo Ofício. Não pensei em vingar-me, não tinha condições. Mas a odiei e prometi não a ver nunca mais. Queria estar longe dela.

Os anos se passaram, até que José Maria, um espírito boníssimo, que quando encarnado fora sacerdote e por ter enfrentado a Inquisição fora torturado e morto, veio em meu auxílio. Conversou muito comigo, ajudou-me. Tornamo-nos amigos. Socorreu-me e tive outras oportunidades pela reencarnação.

Muito tempo se passou. Em outro corpo, outra personalidade, estive empregado como capataz numa fazenda.

Conheci Lourdes, a negra Lourdinha, e antipatizei profundamente com ela. Um dia seu esposo sumiu e coloquei-a no tronco, exigindo que ela me falasse onde ele estava.

Estranhei esta minha atitude. Achava a escravatura cruel e injusta, nunca havia batido em ninguém. Naquela fazenda não se aplicavam muitos castigos aos escravos. Ela dizia não saber dele. Não acreditei e a chicoteei.

O senhor da fazenda, vendo o injusto castigo, mandou soltá-la e me despediu. Não tive naquele momento remorso algum, aquela negrinha de quem eu não gostava merecera o castigo. Bati com raiva.

Muito tempo se passou. Mas o que é o tempo senão a ordem dos acontecimentos? Uma sequência de fatos? A vida é soma do tempo? A soma de dias, de anos e de séculos? Se assim for, a vida ficará envelhecida? A vida é o tempo?

Não, a vida não é o tempo. A vida é a negação do tempo. O tempo é o produto de nossa consciência e é medido por ela em termos das lembranças do passado entrando em contato com o presente. Projeta esperanças para o futuro. Isto é o tempo. Vida é plenitude. Não no sentido de ociosidade, pois é só na relatividade do relacionamento que a vida se manifesta. Sem relacionamento não há vida.

Quis a espiritualidade que nos reuníssemos novamente, eu e aquela que fora minha esposa e veio a ser Lourdinha, agora reencarnada em outro corpo. Para reparar nossos erros fomos chamados a fazer um trabalho juntos. Tornamo-nos grandes amigos. Antes de ir ao seu encontro, soube de todo o ocorrido. Calei-me. Deixei que o tempo, este fator imprescindível, se encarregasse de nos amadurecer. Sabia que um dia ela saberia e iria se recordar de tudo. Esperei.

Nosso trabalho passou a dar bons e doces frutos e consequentemente, como acontece sempre, atrapalhamos os que não concordam conosco no momento.

Um destes discordantes, tendo conhecimento dos fatos narrados, passou a forçá-la a se lembrar. Não interferi. Aguardei ansioso o desenrolar dos acontecimentos.

Minha companheira de trabalho começou a recordar. As chicotadas lhe pareciam reais, ouvia o estalar do chicote, parecia que as roupas estavam encharcadas de sangue. E cismou:

"Será que no passado chicoteei alguém?" – indagou a si mesma, tristonha.

Logo concluiu que fora ela a chicoteada. Como também entendeu que o algoz era agora um ente querido.

"Quem será?" – pensou. – "Ora, não tem importância, seja quem for, vou continuar a amá-lo. Tudo tem motivo e ele ou esta pessoa teve os dela. Tudo já passou e não tem mais importância."

Porém começou a observar todos que a rodeavam.

"Este? Será aquele ou aquela?"

Até que me olhou profundamente. Não enfrentei seu olhar, abaixei a cabeça.

"Foi o senhor?" – perguntou timidamente.

"Sim" – respondi encabulado –, "perdoa-me?"

"Perdoo" – respondeu sincera e sorrindo com seu modo delicado. – "Por favor, não se sinta devedor. Ame-me!"

O espírito discordante que por dias estava com ela abaixou a cabeça e se retirou.

Olhamo-nos emocionados e disfarçadamente enxuguei as lágrimas.

A exemplo daqueles que amam, aprendemos a amar...

E a todos que têm o amor como objetivo maior de sua vida, dedicamos este livro.

Antônio Carlos
São Carlos/SP

CAPÍTULO 1
A mudança

Nasci na Espanha, filho de pais lavradores e de família numerosa. Frequentei por pouco tempo a escola onde aprendi a ler e a escrever. Orgulhava-me disto, gostava de estudar, mas infelizmente tive que trabalhar. Nossa vida não era fácil, trabalhávamos muito e vivíamos pobremente.

Conheci Dolores numa festa e nos apaixonamos. Foi uma felicidade quando consegui coragem, após uns encontros, para dizer:

— Dolores, amo você. Quer ser minha esposa?

— Lourenço, eu também lhe quero muito. Aceito! Prometo ser uma esposa dedicada.

Éramos jovens quando casamos. Ela era meiga, doce e muito bonita. Ficamos morando com meus pais, pois todos os meus irmãos já estavam casados. Logo vieram os filhos. O primeiro, menino, chamou José Maria, amei-o profundamente, como também os outros, Joaquim, Maria Imaculada, Eva e Laura, a Laurita. Dolores e eu nos dávamos muito bem, ela era uma esposa dedicada, trabalhadeira e nos amávamos muito. Trabalhava na lavoura, porém não era fácil, os invernos rigorosos, pragas nas plantações e, no tempo de vender a colheita, os preços eram baixos. Nosso esforço era enorme.

Meus pais morreram num curto espaço de tempo e o sítio que tínhamos foi repartido. Fiquei com uma parte pequena.

Muitos espanhóis estavam vindo para as colônias na América e, pelas notícias, estavam se saindo bem.

Tinha um primo, Amâncio, éramos amigos, nos dávamos muito bem e sua esposa era amiga de Dolores. Numa tarde, veio nos visitar, chegou eufórico à minha casa.

– Lourenço, vou para o Brasil!

– Por que não para as colônias espanholas? – indaguei-o.

– Prefiro o país que parece ter a forma de coração. O Brasil é grande e farto, suas riquezas são abundantes. Prefiro a colônia portuguesa. Vou com a família morar lá. Vamos nos aventurar. Venho convidá-lo. Não quer ir conosco? Não vejo como melhorarmos aqui. Trabalhamos muito e vivemos na pobreza. Lá, trabalhando se progride. Venha conosco!

– Não sei – respondi –, preciso pensar. Dolores está grávida e não sei se terei dinheiro para as despesas.

– Dolores está no começo da gravidez, terá o filho nas terras brasileiras. Venda tudo o que tem e vamos tentar a sorte em outras terras.

– Quer mesmo ir para a colônia portuguesa?

– Quero e vou! Sonho com aquelas terras onde no inverno não cai neve, em que a terra produz tudo o que se planta. É pátria generosa!

Entusiasmei-me também. Conversei com Dolores.

– Lourenço, amo a Espanha – ela deu sua opinião –, mas não sou apegada. Sei que Amâncio é muito entusiasmado. Prefiro ter os pés no chão. Nada é fácil. Sem trabalho perseverante e honesto não se progride com a consciência tranquila. Lá não teremos facilidades, mas oportunidades de trabalho. Sempre foi seu sonho imigrar para as colônias e com Amâncio e Marita será mais fácil. Não iremos sozinhos. E, como a colônia portuguesa é tão grande e rica, sempre teremos muitas opções.

– Mas você está grávida!

– Ora – Dolores sorriu –, gravidez lá ou aqui, os riscos são os mesmos. Depois, sinto que somente terei mais este filho. Às vezes tenho a sensação de que irei mudar. Ir embora para um lugar distante, onde sentirei muitas saudades e não voltarei mais.

– Você deve ter previsto nossa viagem. Não será uma grande mudança? E, se der certo, não terá retorno.

– É – minha esposa sussurrou –, talvez seja isto ou então a morte...

Fui atender um filho que me chamava, entusiasmado, nem prestei muita atenção no que Dolores me disse. A morte era a última coisa em que pensava naquele momento.

Motivado por Amâncio, fui ver a possibilidade de irmos. Os familiares incentivaram, embora ninguém mais se aventurasse a ir conosco. Achando que me daria bem em terras novas, cheio de sonhos e esperança fui com meu primo conversar com o proprietário do navio. A embarcação iria para o Brasil, mas, para todos, seu destino era as colônias espanholas. O preço me pareceu razoável, com a venda do meu pedaço de terra e com nossas economias pagaria as passagens do navio e ainda sobraria dinheiro para investir em alguma coisa no Brasil.

Vendi as terras para um dos meus irmãos e esperamos ansiosos pela partida. Nas vésperas de viajar, o proprietário do navio quis mais dinheiro. Alegou que cobrara barato e que a procura era grande. Inconformados, pagamos a diferença e nossas reservas financeiras diminuíram. As despedidas foram alegres. Todos familiares e amigos nos desejaram êxito. Saímos da Espanha numa manhã bonita, acomodamo-nos do melhor modo possível no navio. Éramos quatro adultos e doze crianças, cinco nossos e sete de Amâncio e Marita.

Quando o navio se afastava da costa espanhola, senti um aperto no coração. Ficamos no convés, olhando. Todos calados. Senti que não voltaria mais. Consolei-me pensando que estavam comigo todos os que amava e nada me prendia à terra natal. Ali deixamos irmãos, sobrinhos, tios e primos. Agora nossa família éramos somente nós e ficamos muito unidos. Marita foi quem quebrou o silêncio.

— Adeus, Espanha querida! Creio que não voltarei mais! Adeus!

Logo vi que não ia ser fácil a viagem, estávamos muito mal acomodados, a comida era ruim e a maioria enjoava com o balanço do navio. Temíamos as tempestades e possíveis ataques de piratas.

Eva, minha filhinha, após uns dias de viagem começou a vomitar mais que os outros e a obrar muito. Remédios e chás foram dados, mas não fizeram efeito, piorava, até que desencarnou. Tinha quase quatro anos, era linda, cabelos castanho--claros e cacheados, esperta e ativa. Mas ao desencarnar estava magra, com olheiras profundas e muito pálida. Segurei seu corpo inerte por meia hora. Que dor profunda! O tempo passa e ao recordar episódios de separação de entes queridos sentimos um pouco da dor do passado. Amâncio tirou-a dos meus braços e a levou para que fosse jogada ao mar. Não quis ver, Dolores também não.

Dolores entristeceu-se profundamente, parecia arrependida por ter se aventurado naquela viagem, mas nada disse. Percebendo que ela sofria muito, talvez mais do que eu, passei a ser mais atencioso com ela. Amava minha esposa e foi ela quem me consolou:

— Lourenço, não chore assim. Nossas lágrimas poderão molhar as asas do nosso anjo, de nossa filhinha que agora é um anjinho, e podemos impedir que ela suba ao céu.

— Você tem razão, Dolores — tentei sorrir.

— Quando nascemos, a única certeza é a de que iremos morrer. Todos nós morremos! É algo que deveria ser natural, porém complicamos tanto e sofremos. Devemos nos conformar, Deus quis assim...

Não acreditava muito no que a religião ensinava. Éramos católicos. Tinha muitas dúvidas, mas não achava ninguém que me ajudasse a esclarecê-las. Tinha certeza de que a vida continuava após a morte do corpo, mas não no céu ou no inferno. Tentei me conformar pensando que Eva estava bem do outro lado.

Mas, dias depois, Dolores começou a se sentir mal. Tudo indicava que o parto ia ser prematuro. Apavorei-me. Sabia que com o tempo de cinco para seis meses, se o nenê nascesse, iria morrer. Marita, que cuidava dela, me chamou e disse baixinho:

— Lourenço, Dolores passa mal. Não sei bem o que ela tem, parece que não é só o parto prematuro.

— Acha que é grave? — indaguei preocupado. — Mas ela já teve cinco filhos!

— Complicações podem ocorrer em qualquer parto. Ela não está bem.

Viajava conosco um médico, um senhor de quase quarenta anos. Morava no Brasil, fora visitar parentes na Espanha. Fui até ele e pedi para assistir minha esposa.

— Cobro — informou ele —, é tanto...

A quantia era alta, mais da metade do meu dinheiro. Mas paguei e ele foi para perto dela. O médico esforçou-se para ajudá-la, creio que fez o melhor que podia. Mas minha Dolores desencarnou.

Chorei desesperado, senti morrer um pedaço de mim. Amava-a profundamente. Marita aproximou-se de mim.

— Lourenço, reaja, você tem quatro filhos para criar!

— Sei Marita — respondi —, é por isso que não morro junto. Agora tenho que ser pai e mãe deles.

Embrulharam o corpo dela num lençol branco e fomos para o convés, vê-lo ser jogado ao mar. Meu filho José Maria agarrou-se em minhas pernas e perguntou inocentemente:

— E o nenê?

— Morreu junto — respondi desanimado.

— Os dois vão subir ao céu?

– Vão!

– Que pena mamãe não ter nos levado. Seria bem interessante subir ao céu. Será que eles criaram asas? Ou outros que morreram vieram buscá-los? – José Maria na sua inocência queria entender.

Não respondi, não sabia o que dizer. Mas desejei ardentemente que Dolores não fosse para o céu e que ficasse conosco, nem que fosse em espírito. Então a senti perto de mim e a ouvi. Foram palavras sussurradas ao meu ouvido.

– Meu esposo, amo-o também. Devo partir, deixe-me ir. É só uma despedida! Vamos nos reencontrar! Tenha fé e ânimo! Cuide de nossos filhos!

O barulho do corpo caindo na água ficou para sempre na minha mente. Fiquei apático. Conversava somente o essencial, mas me esforçava junto dos meus filhos, tentava agradá-los. Sofri muito, mas por amor a eles, ainda pequenos, resolvi lutar, tentar superar a falta que a minha companheira me fazia. Amâncio sentiu-se responsável.

– Ah, Lourenço, se soubesse não teria nem vindo, nem convidado vocês. Que tristeza! Pior que nem dinheiro temos para voltar. Temos que ficar no Brasil pelo menos até conseguir ajuntar dinheiro para pagar nosso retorno.

– Voltar? Que adianta? – respondi. – Não será a mesma coisa. Que farei na Espanha sem Eva e Dolores? É melhor ficarmos no Brasil e nos ajeitarmos do melhor modo possível.

Foi uma viagem triste. Às vezes revoltava-me e indagava o porquê de tantos acontecimentos tristes. Pensava aflito: "Será que se tivéssemos ficado na Espanha Eva e Dolores teriam morrido?". Sentia-me culpado e Amâncio também. Não queria responsabilizá-lo, ele só nos convidou, resolvi não reclamar mais e passei a ficar cada vez mais calado.

Viajava conosco um senhor alemão que lia muito a Bíblia, tentou me consolar, mas ele falava muito mal o espanhol e, como nós, estava tentando aprender o português. Não nos entendíamos, mas ele orava por nós e sentia-me melhor. Foi ele, sua atitude bondosa, que me fez pegar a Bíblia de Dolores e ler, hábito que adquiri, passando a ler quase diariamente, e tentando entender o que lia. Isso me foi de grande consolo e minha revolta foi amenizando até que acabou. Entendia que necessitava me esforçar, viver e lutar pelos meus filhos. Olhava-os, eram lindos, e eles me olhavam como que pedindo ajuda e proteção. Agora só tinham a mim.

— Amo-os — dizia abraçando-os. — Tudo farei para que vocês sejam felizes. Nunca mais vou amar outra mulher, amarei sempre Dolores e não vou lhes dar madrasta. Viverei por vocês e para vocês.

Presenciamos duas tempestades, mas não foram fortes e a viagem prosseguiu monótona.

Um dia, um navio emparelhou conosco. O comandante nos explicou:

— É um navio negreiro. Traz negros da África para as colônias.

— Tráfico? — indagou um passageiro.

O comandante não respondeu, estava preocupado. Um bote com três tripulantes se aproximou. Logo os três subiram no navio e foram conversar em voz baixa com o comandante. Deu para entender que estavam com problemas.

— Doutor Antero, por favor... — chamou o comandante.

O médico os escutou, relutou, mas acabou indo com eles ao outro navio. Ficamos parados esperando. Duas horas depois, o médico retornou preocupado e foi se limpar, e nosso navio seguiu viagem. Ficamos sabendo que havia uma peste, uma doença epidêmica no navio negreiro. Muitos negros e até tripulantes haviam morrido e muitos outros estavam enfermos. O médico não pôde fazer nada, não havia remédios. Amâncio comentou triste:

— Lourenço, tenho que lhe pedir perdão. Aventurei-me nesta viagem e não deveria tê-lo incentivado. Se soubesse...

— Deixe este "se" — pediu Marita. — Sempre colocamos o "se" nas nossas amarguras e arrependimentos. Quando resolvemos vir, não sabíamos o que poderia acontecer. Não se sabe o futuro, e, se tivéssemos ficado, iríamos com certeza nos indagar: "E se tivéssemos ido? Estaríamos melhor?". Viemos e pronto!

— Que terra escolhemos para morar! — reclamou Amâncio amargurado. — Lugar onde tem escravos. Umas pessoas escravizando outras! Escravos por serem negros! E ainda vão lá nas terras deles e os prendem.

— Não se amargure tanto — pedi. — Vamos confiar! Tudo que acontece é por vontade de Deus e Ele deve ter motivos que desconhecemos. Marita tem razão. Tenho pensado muito e não vejo outra maneira de agir. Devemos ter esperanças e tentar levar adiante nossos planos. Só que não dá para comprar nada. Mas arrumaremos empregos. Talvez um dia conseguiremos retornar à Espanha. Quero dizer a você, meu primo, que viemos porque quisemos. Dolores e eu decidimos e vocês não devem se sentir culpados. Nossa amizade deve ser mais forte que antes. Agora somos um pelo outro e devemos ficar unidos e sem culpa. Foi Dolores que morreu, mas poderia ter sido Marita ou qualquer um de nós. Quanto aos negros, será melhor nos acostumarmos, iremos conviver com a escravidão e devemos nos adaptar aos costumes da pátria que nos acolherá.

— A escravidão me entristece — Marita estava realmente consternada. — Será que nas colônias não existem pessoas que lamentem isso?

— Devem existir — opinou Amâncio —, porém devem ter interesses maiores que os fazem calar. Os negros são mão de obra barata, e o interesse financeiro sempre é muito forte.

— Sou contra a escravidão, espero não me envolver com escravos — estava no momento convicto.

— Dizem horrores sobre o sofrimento dos negros — contou Marita. — E deu para ver muito bem o que eles passam. O médico disse que eles viajam piores que animais. Coitados!

Suspirei. Achei que havíamos feito uma escolha ruim. Não deveríamos ter mudado. Lá na Espanha não seria pior do que o que estávamos passando e do que certamente ainda passaríamos aqui. Não falei nada. Fizemos a escolha e teríamos que nos adaptar a ela.

Aproximamo-nos das terras brasileiras e um dia, logo pela manhã, avistamos a costa do Rio de Janeiro. Ficamos maravilhados.

— Que lugar maravilhoso! — exclamou Marita. — Lindo assim, só pode ser abençoado!

Cansados da viagem, olhamos esperançosos a bonita paisagem.

CAPÍTULO 2
Lourdinha

Como achamos bom pisar em terra firme! Admiramos tudo. O Rio de Janeiro era mesmo bonito. Orientados pelo comandante, fomos a uma estalagem de uma senhora lusitana, Pousada da Portuguesa, que nos recebeu muito bem.

– Como tudo é diferente da Espanha! – exclamou Marita. – Não dá para explicar aos nossos patrícios por carta. Acho que não sei descrever o que vejo.

Concordamos com ela. Todos nós estávamos gostando.

– Que mistura de raças! – Amâncio estava admirado. – Em um lugar com tantas diversidades, não pode haver racismo, preconceito. Ou certamente não haverá no futuro.

As crianças estavam eufóricas, esqueci minhas tristezas e participei com elas da alegria de tomar uma refeição bem-feita, com alimentos frescos.

Logo depois, Amâncio e eu saímos à procura de trabalho. Fomos ao mercado onde vendiam escravos, para entrar em contato com fazendeiros. Não foi agradável ver seres humanos serem vendidos como animais, mas tentamos não prestar atenção nesse fato que nos chocava, fomos ali atrás de trabalho.

Dias depois arrumamos emprego como capatazes, por entendermos de lavouras. Fomos para fazendas diferentes, porém próximas entre si e também da cidade do Rio de Janeiro.

Gastamos todo nosso dinheiro com a estalagem e para comprar objetos de casa e roupas para usar no clima quente.

Fomos esperançosos. Nossos patrões nos mandaram buscar de carroça. A fazenda em que Amâncio iria morar ficava mais perto da cidade. Despedimo-nos, as crianças choraram, mas prometemos que de quinze em quinze dias nos visitaríamos.

— Fiquem com Deus! — recomendou Marita. — Obedeçam seu pai e o ajudem.

— Adeus, meus primos! — despediu-se Maria Imaculada. — Para vocês que têm mãe será mais fácil.

Olhei-a triste, sabia que tinha razão, mas faria de tudo para facilitar a vida deles. Abracei-os, seguimos viagem. Agora éramos somente eu e os meus filhos, e fiquei com o coração apertado. José Maria me olhou tentando sorrir e me incentivou:

— Coragem, papai! Ajudo o senhor!

Gostamos da fazenda. Era um lugar bonito. A casa que nos foi dada para morar era pequena, mas nova e confortável. Acomodamo-nos do melhor modo possível. Organizei as tarefas de casa. Levantava de madrugada e deixava o almoço pronto. José Maria, meu filho mais velho, ajudava-me a tomar conta dos menores e também nos serviços de casa.

Eles fizeram amizade com as crianças da fazenda e iam muitas vezes tomar as refeições na senzala, junto com as crianças negras.

Gostei do meu trabalho, tinha que repartir o serviço entre os escravos, organizar horários e também cuidar dos cavalos.

Ali os negros eram bem tratados e os castigos, escassos. Eu podia castigar, mas me limitei só em chamar a atenção. Quem castigava era o feitor, mas só depois de muitas advertências.

Tínhamos folga aos domingos. Pela fazenda passava um rio de pesca farta, muito bonito e com águas limpas, onde pescávamos nesses dias.

Aproveitava também os domingos para limpar a casa, lavar as roupas e ficar com as crianças. Acostumamo-nos logo com a vida na fazenda e facilmente aprendemos o idioma: as crianças menores já falavam sem sotaque.

E, como prometemos, duas vezes por mês íamos à casa de Amâncio e eles também nos visitavam. Quando eles vinham, Marita fazia o almoço, ela cozinhava bem, e as crianças adoravam rever os primos e brincavam o dia todo. Também era agradável ir à casa deles. Conversávamos muito, relembrávamos o passado, a Espanha. Tínhamos poucas notícias dos nossos parentes, escrevíamos, mas as cartas demoravam e aos poucos foram rareando.

Tinha muitas saudades de Dolores, sentia a falta da companheira, da amiga que sempre me motivava. As crianças também sentiam a falta da mãe. Sempre as escutava dizer:

— Se mamãe estivesse aqui...

Evitava falar dela com os meninos, mas desabafava com Amâncio e Marita, que me escutavam com carinho. Marita sempre me confortava:

– Lourenço, você tem se saído bem. É um pai maravilhoso! As crianças o adoram. Não desanime nunca!

– Às vezes me entristeço em pensar no que poderá acontecer com eles se eu morrer!

– Não diga isso! – pediu Amâncio. – Você não irá morrer, deixando-os pequenos. Mas tem a nós como temos a você, um contando com o outro nas dificuldades.

Logo que vim para a fazenda, vi uma negra, Lourdes, a Lourdinha, que trabalhava lavando as roupas da casa-grande. Não gostei dela, antipatizei com ela sem saber o porquê. Embora não tendo motivos para isso, passei a evitá-la. Ela era faceira, trabalhadeira e conversava muito. Tinha por companheiro Zé e era mãe de dois filhos.

Um dia, meu patrão me chamou:

– Lourenço, o Zé está sumido. Desapareceu desde ontem. Procurei-o e não encontrei.

– Será que fugiu? – indaguei.

– Não sei, há tempo não me foge um escravo. Mas, em se tratando de negros, tudo é possível. Investigue!

Saí à procura do Zé. Ninguém o vira nem queria falar. Então fui até Lourdinha.

– Onde está seu marido? – indaguei autoritário.

Ela, porém, não se intimidou, enfrentou-me com o olhar e respondeu altiva:

– Não sei, não é o senhor quem o está procurando? Então procure! No meu bolso ele não está!

– Negra insolente!

Armei a mão para lhe dar um tapa, uma escrava que nos escutava interferiu:

– Não lhe bata, senhor Lourenço! Ela está nervosa com o sumiço do marido. É que ele anda se engraçando com uma negrinha da fazenda ao lado. Lourdinha acha que ele foi procurá-la ontem à noite e por lá ficou com a sirigaita.

Desarmei a mão e fiz algumas perguntas que a velha escrava respondeu, Lourdinha ficou quieta. De posse das informações, fui para a fazenda vizinha. O Zé não tinha aparecido por lá e a escrava por quem ele parecia estar enamorado não o vira e também estava preocupada com o sumiço dele.

Voltei com raiva. Primeiro fui saber se havia alguma notícia do fugitivo, mas ele continuava desaparecido. Passei em minha casa, já passava da hora do almoço. Maria Imaculada tinha se queimado. Foi esquentar a comida e se queimou com a panela, e Joaquim havia batido em Laurita. Fiquei mais nervoso ainda. Parecia que tudo dava errado. Cuidei do ferimento de minha filhinha, organizei a casa e saí irritado. Fui à procura novamente de Lourdinha.

– Não encontrei seu marido – informei autoritário. – Ele só pode ter fugido! E você deve saber para onde. Espertinha, me deu uma pista falsa. Ele nunca foi à outra fazenda.

– Nunca foi? – indagou. – Então o Zé mentia. Ah, disse-me que sempre ia lá.

– Quero saber onde ele está! É melhor que me diga logo a verdade.

– Não sei!

– Sabe! E vai me dizer! – ordenei com raiva.

— Não sei! Não sei! — gritou ela nervosa. — E se soubesse não lhe diria, iria falar ao "meu senhor".

— Escrava boba! Que pensa que é?

— Um ser humano! — exclamou a escrava.

— Insolente! Ou me diz onde está o Zé ou lhe castigo.

— Não sei onde o Zé está — gritou ela assustada. — Não faço a menor ideia.

— Ele fugiu e você deve estar se preparando para se encontrar com ele. Fez-me perder tempo falando que ele podia estar na fazenda vizinha. Vou castigá-la!

Peguei-a pelo braço e arrastei-a. Suas companheiras imploraram:

— Senhor Lourenço, não faça isso! Ela não sabe mesmo! Não a castigue!

Ela, porém, não disse nada, mas me desafiou com seu olhar. Nervoso, amarrei-a no tronco, peguei o chicote e bati com força. Ela só gemeu baixinho. Após algumas chicotadas, parei. Meus pensamentos eram confusos: "Por que faço isso? Meu Deus, como posso estar batendo nesta mulher? Tenho raiva dela. Ela é culpada! Claro que é! Sabe onde o marido está e não quer dizer. Irá aprender a não desafiar um branco. Branco? Não somos todos iguais?".

Cheguei perto dela e perguntei nervoso:

— Lourdinha, onde está o Zé?

Ela não me respondeu, esforçava-se para não gemer, continuou com a cabeça baixa e nem me olhou. Estava com as costas todas ensanguentadas.

— Ficará aí até que me diga — ordenei.

Quando amarrei Lourdinha no tronco, as companheiras que viram e ouviram nossa conversa correram e foram avisar o patrão. Este veio ver o que estava acontecendo. Ao ver Lourdinha, ordenou às escravas que foram chamá-lo:

— Tirem-na imediatamente do tronco e cuidem dela! E você, Lourenço, venha comigo!

Acompanhei-o aborrecido até a sala da casa-grande.

— Por que bateu em Lourdinha? — indagou-me aborrecido.

— O senhor me mandou procurar o Zé — tentei justificar-me. — Ninguém sabe dele, ela me deu uma pista falsa. Ele fugiu e Lourdinha sabe onde ele está e não quis me dizer. Ainda foi malcriada comigo.

— Não gosto de castigos injustos! Você estava incumbido de procurar, não de castigar. Está despedido! Aqui está seu ordenado. Não trabalha mais para mim. Mude daqui o mais rápido possível.

Peguei o dinheiro e saí depressa. Era de tarde e logo iria anoitecer. Fui para casa, estava nervoso e perturbado. José Maria me indagou:

— Papai, por que o senhor veio mais cedo?

Fiquei envergonhado. Embora não estivesse arrependido, tive vergonha de dizer o que tinha feito e menti:

— Fui despedido! Fui mandado embora porque me neguei a castigar uma escrava. Até lhe dei umas chicotadas. Como não quis bater mais, o patrão me demitiu.

— O senhor agiu certo — concordou José Maria. — Não se preocupe, trabalho não há de faltar.

— Amanhã cedo vamos para casa de Amâncio. Emprestaram-me a carroça, um escravo irá nos levar. Lá verei o que fazer.

Fomos dormir cedo. Queria mudar dali o mais depressa possível. Não queria que meus filhos escutassem os fatos como realmente aconteceram e percebessem que eu menti ou, pior, que fui maldoso.

Acordei de madrugada e me pus a arrumar tudo. Meus filhos foram se despedir dos amigos, das crianças escravas.

— Não demorem, já estamos de partida — recomendei.

Quando voltaram, Maria Imaculada indagou:

— Disseram que o senhor bateu em Lourdinha. É verdade?

— E foi por não bater mais que vamos embora. Ele bateu, mas foi obrigado! — José Maria me defendeu.

Arrumei todas as nossas coisas na carroça o mais depressa que pude e partimos.

Chegamos à casa de Amâncio, ele estava trabalhando, contei a minha versão a Marita. Ela nos acolheu com carinho. Quando Amâncio veio almoçar, contamos o que aconteceu e meu primo tentou me animar:

— Empregados por aqui têm que obedecer! Talvez tenha sido melhor assim! Vou conversar com meu patrão, pedirei para que lhe arrume emprego. Um companheiro nosso, um empregado, parece que irá se mudar, vai embora. E você poderá ficar no lugar dele. Morar na mesma fazenda vai ser bem melhor. Marita poderá olhar seus filhos.

Esperançoso, aguardei.

E Lourdinha? Embora não estivesse interessado, soube notícias dela.

Ela estava mal quando a desamarraram do tronco. Grávida de quase quatro meses, começou a ter fortes dores abortivas. As amigas que a pegaram levaram-na para um cômodo na senzala que era usado pelos doentes. Trataram-na com chás, que somente amenizaram as dores. Lourdinha abortou. Ficou dias sob os cuidados das negras, mas, como era forte e sadia, recuperou-se logo.

Cinco dias depois, acharam o corpo do Zé no rio. Apareceu boiando e já em decomposição. Deduziram, e foi o que aconteceu, que fora pescar e caíra no rio e, como não sabia nadar, afogara-se.

Mesmo sabendo disso, não senti nenhum arrependimento. Pensava nela com raiva e sofria com isso. Tinha consciência do injusto castigo que a fez sofrer, dos ferimentos das chicotadas, do aborto e do fato de ter perdido seu companheiro. Mas, não entendendo o porquê, tinha raiva dela e achava que tudo o que lhe aconteceu foi merecido.

Amâncio me arrumou emprego, passei a morar perto deles, isso me facilitou muito. Marita passou a tomar conta dos meus filhos.

A fazenda em que trabalhei era vizinha da que eu estava agora e houve comentários sobre o fato. Amâncio e Marita nada me disseram, preferiram acreditar em mim, porque me conheciam e julgavam-me incapaz de ter feito uma maldade. Calei-me envergonhado. Nunca, enquanto estava encarnado, comentei o assunto, mas também não o esqueci.

Lourdinha continuou com seu trabalho após ter se recuperado. Preferiu esquecer e, quando a indagavam sobre o fato, respondia sem rancor:

– Ser escravo é assim mesmo, castigado com ou sem motivo.

Anos depois, seu dono, o senhor, que tinha a fazenda, enviuvou. Ele repartiu a fazenda com os filhos, ficou com a sede e as terras ao redor. Repartiu também os escravos, mas sem prejudicar ninguém. Os escravos puderam escolher para onde ir, isso para não separar as famílias. Lourdinha com os filhos ficaram com o senhor e ela foi servir a casa-grande, onde tempo depois passou a ser amásia dele. Ele a libertou e também seus dois filhos, e ela teve mais dois filhos que herdaram aquele pedaço de terra.

Este senhor foi bom para ela, e Lourdinha retribuiu. Ele ficou doente e ela cuidou dele com carinho.

Lourdinha desencarnou velha, entre filhos, netos e bisnetos. Contava a história do seu castigo, quando esteve imerecidamente no tronco. Ela me perdoou. O fato ficou só nas suas lembranças, um caso para contar...

CAPÍTULO 3
Um incidente

Se nossa vida ficou mais fácil por estarmos próximos dos nossos familiares e amigos, piorou na questão da moradia: a casa era desconfortável, tínhamos que buscar água longe. José Maria passou a trabalhar muito para me ajudar.

Marita também labutava muito, tomávamos as refeições em sua casa, ajudávamos nas despesas. Nessa fazenda tinha muito mais coisas para fazer, Amâncio e eu trabalhávamos muito e continuávamos a ser grandes amigos.

Fazia um ano que estávamos ali e dois anos no Brasil. Os amigos aconselharam-me a casar novamente. Recusava e dizia:

– Não. Prometi aos meus filhos não lhes dar madrasta. Vivemos bem assim e tenho medo de casar e piorar. Amo meus filhos!

As crianças se sentiam seguras ao ouvir isso. Estavam crescendo fortes e sadias. Maria Imaculada já cozinhava com a ajuda de Marita. Achava que meus filhos estavam trabalhando novos demais, mas a vida não era fácil. Mas sonhava em proporcionar uma existência melhor para eles.

Um dia, estávamos Amâncio e eu vendo uma plantação, quando uma cobra o picou. Matei-a e vimos que era venenosa. Fiz um curativo como sabia e o levei para sua casa.

– Lourenço – lamentou ele preocupado –, não estou bem. Será que me safo desta? Era peçonhenta aquela maldita!

– Calma, Amâncio, não devemos nos apavorar. Você deve estar sentindo o efeito do veneno, mas não será mortal.

Senti que Amâncio estava com medo e eu também, porém tentei sorrir e lhe dar ânimo. Queria acreditar que ele sobreviveria.

Marita e as crianças assustaram-se com a nossa chegada. Acomodei-o no leito e corri para a senzala. Busquei uma negra que entendia de ervas e fazia benzeduras e remédios. Ela o examinou, chamou Marita e a mim para que nos afastássemos do leito e cochichou:

– Ele está morrendo! Não posso fazer nada.

Amâncio estava inquieto no leito, suava muito e tinha dores; chamou-me, sua voz estava fraca, e falou com dificuldades:

– Lourenço, meu primo, meu amigo! Estou morrendo!

– Claro que não! – Tentei lhe dar confiança. – Você é forte e logo estará bem.

– Não precisa mentir. A cobra era venenosa! Preocupo-me com Marita e as crianças. Tome conta deles, Lourenço. Por favor! Só temos você. Case com Marita. Unam-se e um ajudará o outro. Prometa-me!

Olhei-o comovido. Que situação difícil. Ele me olhava implorando, apertando minha mão. Respondi emocionado, contendo-me para não chorar:

– Prometo, Amâncio, cuidar deles! Prometo!

Tentou sorrir, mas seu semblante era de dor. Ficou mais tranquilo. Marita ficou ao seu lado, desesperada. Depois de uma agonia lenta, com a negra benzedeira cuidando dele, Amâncio desencarnou. Foi muito triste, as crianças choraram e Marita tentava consolá-las. Enterramo-lo junto com os escravos, no cemitério da fazenda. Era costume em algumas fazendas sepultar os empregados e escravos ao lado ou aos fundos da capela; apenas os senhores iam para a cidade ser enterrados em jazigos. Já em outras, todos os mortos eram levados para o cemitério da cidade mais próxima.

Marita estava preocupada.

– Lourenço, acho que o patrão vai querer a casa para que outro empregado a ocupe. Se pelo menos pudesse trabalhar no lugar de Amâncio...

– Marita, não se preocupe, vamos encontrar uma solução.

– Será que o dinheiro que tenho daria para voltar com as crianças para a Espanha?

– E fazer o que lá? – indaguei. – Viver da caridade dos parentes, tão pobres quanto nós? Vai ficar, ajudo você. Juntos acharemos um modo de resolver isso. O dinheiro que recebo dará para nos sustentar.

Quinze dias depois que Amâncio havia morrido, um outro empregado da fazenda tentou entrar na casa de Marita à noite. As crianças se apavoraram. Tinha que tomar uma decisão, a qualquer momento o proprietário pediria para ela se mudar. Estava em casa pensativo e as crianças me rodeavam.

– Papai – José Maria me abraçou –, está pensando nos nossos primos?

– Sim, filho, estou – respondi.

– Por que o senhor não casa com Marita? – perguntou Maria Imaculada. – Não prometeu a Amâncio?

– Prometi cuidar deles. Mas antes prometi a vocês não lhes dar madrasta.

– Ora – Maria Imaculada sorriu –, Marita não será madrasta. Gostamos muito dela, ela será como mãe.

– Papai – opinou José Maria –, Maria Imaculada tem razão. O senhor nos prometeu, mas queremos livrá-lo da promessa. Nós todos queremos que o senhor se case com ela.

Fui conversar com Marita naquele dia mesmo.

– Marita, estou preocupado com vocês.

– Lourenço não quero que se sinta obrigado. Amâncio estava agonizando quando fez você prometer, mas não quero nada que lhe seja sacrifício. Tenho pensado muito, talvez mude para a cidade.

– Marita, quero-lhe bem, como também aos seus filhos, que sinto como se fossem meus. Não vou deixar você se aventurar por aí sozinha com as crianças. Sua casa é maior. Vou me mudar para cá. Moraremos juntos, dormiremos em quartos separados.

– Obrigada, Lourenço, não quero casar de novo. Aceito sua ajuda.

– Ajudaremos-nos mutuamente. Vocês, você sempre me ajudou muito.

Conversei com o patrão pedindo autorização para mudar, ele sentiu-se aliviado.

— Está agindo certo, Lourenço, não sabia o que fazer com a viúva. Case-se e seja feliz!

Mudamos no outro dia, as crianças gostaram e se acomodaram do melhor modo possível. O proprietário permitiu que eu aumentasse a casa, e construímos outros cômodos. As crianças se davam bem, brigavam às vezes, mas estavam felizes juntas. Os meninos mais velhos ajudavam-me e as meninas colaboravam com Marita.

— Depois de seis meses, Marita e eu conversamos e decidimos viver como marido e mulher. Não amei Marita, mas lhe queria bem e combinávamos muito. Ela também não me amava, mas me tratava com carinho. Um elo muito forte nos unia, o amor das crianças. E nunca existiu os meus ou os seus, foram sempre os nossos filhos.

Tivemos uma filha, e Marita estava grávida novamente quando aconteceu um incidente.

Estava indo para a lavoura quando vi um negro correndo e o senhor da fazenda vizinha seguindo-o a cavalo. O negro, cansado, parou encostado numa grande pedra, o fazendeiro apeou do cavalo e o enfrentou:

— Agora, negro imundo, irei lhe dar a lição que merece!

Caminhou para perto do escravo com um chicote na mão. O negro lhe deu uma pisada, um golpe de capoeira que arrancou o chicote das mãos do fazendeiro, que caiu longe. O escravo tirou da cintura uma faca e desafiou:

— Vem me dar a lição agora, branco animal!

O fazendeiro assustou-se, não tinha como correr e tentou conversar:

— Tião, veja o que você faz! Se me matar ou ferir será pior para você.

— Está com medo?

Apeei do cavalo e me aproximei sem fazer barulho, e, quando o negro ia atacar o fazendeiro, interferi, minha intenção era só desarmá-lo, mas eu e o escravo lutamos, rolando pelo chão. Não estava armado, mas não me intimidei, tentei não ser atingido por ele. Porém o negro era forte e levei alguns murros que me tontearam. O escravo ia me matar; com intenção de me defender e querendo sobreviver, esforcei-me para segurar seu braço para a faca não me atingir. Acabei empurrando-o e ele caiu em cima de sua arma, ferindo mortalmente o abdômen. Levantei-me e olhei-o assustado, tremia, ele sangrava, já respirando com dificuldade. Escutei um trote de cavalo, aí me lembrei do fazendeiro e o olhei. Ele havia, assim que interferi, montado no seu cavalo e se afastado, vendo que o escravo estava ferido, voltou. Falei com medo:

— Não queria matá-lo, foi um acidente. Serei preso?

Ele riu.

— Preso por matar um negro? De jeito nenhum. Você me salvou a vida. Fui imprudente em perseguir este fujão sozinho. Não sabia que ele estava armado com uma faca. Você me prestou um favor. Deixe o negro aí, vou mandar buscar o cadáver e, quanto a você, receba isto. Sei ser grato!

Tirou de sua bolsa uma grande quantia de dinheiro e me deu. Foi embora deixando ali o negro agonizando. Corri tentando acudi-lo.

– Perdoe-me! Perdoe-me! – roguei.

Ele me olhou, estava sangrando muito e disse com dificuldade:

– Você lutou do lado errado. Eu ia matá-lo. Esquece...

Morreu nos meus braços. Sujo do sangue dele e de meus ferimentos, voltei para casa e chorei muito. Nunca pensei que pudesse matar alguém. Marita fez os curativos e me consolou:

– Você agiu certo. Foi defender aquele que julgou indefeso. Lutou com ele, o que vale é a intenção e você não queria matá-lo, somente desarmá-lo. Ele caiu em cima de sua própria arma.

Meu patrão conversou comigo.

– Este vizinho e eu já tivemos muitas desavenças, mas ele mandou me agradecer por ter sido salvo por um empregado meu. Gostei disso, a inimizade dele não me é interessante. Não fique aborrecido. Um de vocês dois ia morrer e me alegro que tenha sido ele.

Por dias fiquei angustiado, esforçava-me para não pensar no assunto, mas as cenas vinham à minha mente. Por muitas vezes acordava assustado, sonhava com o acontecido. Fiz o possível para me livrar do remorso, consegui, mas, enquanto estive encarnado, lembrava com tristeza deste fato. O escravo não teve ódio de mim nem me julgou culpado. Perdoou-me. Mas sofri por ter sido envolvido nesse incidente que resultou na morte física de um ser humano.

Marita teve o nosso filho dias depois, e coloquei o nome do escravo morto, Abelino.

Houve comentários nos primeiros dias, depois já não se falava mais nisso, pensei que tudo estivesse esquecido e que a rotina tivesse voltado. Então recebi uma visita, um capataz da fazenda vizinha, do senhor que eu havia salvado da ira do escravo, veio falar comigo.

— Meu patrão me mandou aqui para convidá-lo a trabalhar para ele. Você com a família irão morar numa casa mais confortável e terá melhor ordenado.

Senti um aperto no coração. Todos por ali conheciam a fama desse fazendeiro. Ele era arrogante, autoritário e mau. Castigava de forma cruel seus escravos e não respeitava mulheres bonitas. Não podia aceitar e tentei recusar educadamente.

— Agradeço muito o convite, mas não posso aceitar. Peço-lhes desculpas, por favor, diga ao seu senhor que estamos acostumados aqui e que não queremos mudar.

— O patrão não vai gostar da recusa...

O capataz saiu e ficamos, Marita e eu, apreensivos. E não gostou mesmo. No outro dia meu patrão veio me procurar.

— Lourenço, meu vizinho exigiu que o mande embora. Disse que recebeu uma desfeita sua. Não quero brigas, tenho feito de tudo para evitar discórdias com ele. Ontem à noite ele exigiu que o despedisse. Não acho justo, mas vou ter que demiti-lo. Mas vou lhe dar uma boa quantia de dinheiro. E se você quiser emprego, ele lhe dará. Gosta de você.

— Que modo estranho de gostar, de ser grato — concluí. — Gosto daqui e não queria mudar, por isso não aceitei a proposta dele, não quis fazer desfeita nenhuma. Porém, não quero trabalhar para ele, vou embora deste lugar.

— Resolva como achar melhor. Não precisa mudar logo, faça-o quando puder.

Fui para casa e contei a Marita.

– Temos um bom dinheiro – ela me animou. – Vamos para a cidade, para o Rio de Janeiro. Lá poderemos pôr os meninos para estudar.

– Você tem razão! Vamos tentar a vida em outro lugar. Vou amanhã para o Rio e você e as crianças ficam aqui. Verei um lugar para nos estabelecermos e volto para buscá-los.

No outro dia fui no cavalo que o fazendeiro me emprestou, como também me emprestaria as carroças para a mudança.

A cidade do Rio de Janeiro me fascinava, era bonita, com pessoas alegres. Fiquei na Pousada da Portuguesa, no mesmo local em que ficamos anos antes. Estava disposto a procurar já no outro dia algo que pudesse fazer, mas foi ali mesmo que achei.

Esta portuguesa já estava cansada e julgava-se idosa para tanto trabalho, tinha somente um filho, seus outros dois haviam falecido. Seu filho estava de partida para a Província de Minas Gerais e queria levá-la com ele. Ela estava em dúvida, se fosse, teria que vender a pousada. Achei que seria bom ter a estalagem. Conversei com o filho dela:

– Gostaria de comprar a pousada e de me instalar aqui com minha família. Mas não tenho todo o dinheiro para comprá-la.

Conversamos por horas e acabamos fazendo negócio. Daria a ele uma quantia, que era três quartos do meu dinheiro, e depois de um ano e três meses ele viria ao Rio e eu lhe pagaria o restante.

Foi para ambas as partes um bom negócio. Voltei feliz logo no outro dia para buscar minha família.

Alegres, começamos a nos preparar para a viagem.

Nossa família era numerosa e nossos filhos se davam bem. Os mais velhos de Marita me chamavam pelo nome, como José Maria e Joaquim chamavam minha esposa de Marita, os menores nos chamavam de pai e mãe. A segunda filha de Marita, Leonor, era muito boa menina, ela e José Maria se davam muito bem, estavam sempre juntos. Nessa época ele tinha quinze e ela, treze anos.

Estávamos eufóricos, todos ajudavam, falando ao mesmo tempo. Foi do agrado de todos a mudança para o Rio de Janeiro. Já tínhamos nos despedido de todos os amigos, faltavam os últimos preparos, quando Leonor pediu a Marita:

— Mãe, posso ir à beira do riacho? Volto logo, só vou me despedir do meu lugar predileto.

— Vá, mas volte rápido — permitiu Marita. — Vamos partir logo.

Ela saiu correndo. O riacho era perto, um lugar bonito, de águas claras e rasas e com muitas pedras. As crianças gostavam muito de brincar lá. Leonor demorou e já estávamos prontos para partir. José Maria foi atrás dela. Alguns minutos se passaram e ele voltou aos gritos.

— Pai! Leonor está caída e tem sangue na cabeça! Acudam!

Corri desesperado e a encontrei morta. Leonor escorregou, bateu a cabeça e desencarnou. Como ficamos tristes! Choramos desolados. Velamo-la na sala vazia. Tirei das carroças só o necessário. Seu sepultamento foi no outro dia cedo, ao lado de Amâncio. Foi doloroso cobri-la de terra, ela parecia dormir, seu semblante estava tranquilo, estava bonita como sempre.

Enterramo-la e partimos.

Não foi uma viagem alegre como sonhávamos. Marita estava abatida, esforçava-se para superar, minha companheira era forte, tantos sofrimentos e permanecia tranquila, conhecendo-a sabia que sofria muito. Ela abraçou o nenê, Maria Imaculada cuidou da outra pequena. Nunca iríamos esquecer Leonor, ela era alegre, bondosa, cativava a todos. Não percebi que José Maria sofria demasiado, mais do que qualquer um de nós. Não notamos, talvez, porque ele, não querendo aumentar nosso sofrimento, fechou-se e procurava, como sempre, ser útil aos irmãos menores.

Ao passarmos pela porteira da fazenda, Maria Imaculada disse tristemente:

— Quantas perdas tivemos em curto espaço de tempo, desde que saímos da Espanha para estas terras novas. Queira Deus que não tenhamos mais nenhuma e que possamos ser felizes no Rio de Janeiro. Adeus, Leonor!

José, filho de Marita, perguntou inocentemente:

— Maria Imaculada, Leonor escutou seu adeus?

— Não sei, espero que sim, mas quero que ela esteja no céu com mamãe e seu pai.

— Também quero ir para o céu! — desejou José.

Marita interferiu:

— Vamos para o Rio de Janeiro! Falemos do mar, das praias. Vamos conversar sobre coisas alegres.

Começaram a conversar sem entusiasmo, mas o assunto terminou logo. Fizemos a viagem calados. Mas estávamos esperançosos. Resolvi deixar ali as lembranças ruins. Queria esquecer a morte daquele escravo, o incidente desagradável e tudo que nos magoou.

Esforcei-me para tentar agradar às crianças. Ao cair da tarde estávamos no Rio de Janeiro.

CAPÍTULO 4

A estalagem

Acomodamo-nos da melhor maneira que nos foi possível. Dois dias depois a portuguesa partiu e deixou um empregado já velho, mas que nos foi muito útil, porque ele conhecia todo o serviço e como fazê-lo. Acostumamo-nos a trabalhar no pesado, não estranhamos.

– Como está sujo! – observou Marita. – Tudo aqui necessita de uma boa limpeza.

E foi o que fizemos, limpamos, consertamos e duas semanas depois a estalagem parecia outra. Era uma casa grande com vários quartos, a cozinha era enorme. Havia dos dois lados da frente da casa canteiros onde plantamos flores, o quintal também era grande e fizemos uma horta em que plantamos vários tipos de verduras. Logo na entrada da casa havia a recepção e o refeitório, com muitas mesas e cadeiras. Havia muitas janelas grandes e a casa era arejada e fresca. Entusiasmados, fizemos muitos planos. Repartimos o serviço, cada um de nós tinha uma tarefa a fazer. Mas sentíamos a falta de Leonor e falávamos dela.

— Se Leonor estivesse aqui – dizia um de nós –, limparia tudo isso sozinha.

— Leonor iria gostar daqui! – opinava outro.

— Deixem Leonor em paz! – pediu, aos gritos, Laurita.

Assustamo-nos, parei o que estava fazendo e cheguei perto dela. Laurita estava imóvel, com os olhos parados.

— Por que diz isso, filha? – perguntei. – Por que fala tão alto?

— Para todos escutarem que Leonor quer ficar em paz onde está! Ela não quer que a chamemos. Não entendem que é doloroso para ela saber que sofremos sua falta? Leonor está lá e deve ficar.

— Está onde? – indagou José Maria aflito. – Onde está Leonor?

— No lugar em que deve estar... – respondeu Laurita e pôs-se a chorar.

Marita a abraçou e aconselhou, ponderada como sempre:

— Laurita tem razão. Todos nós, já que nascemos, morreremos um dia. É a vida! Deus quis levar Leonor, devemos nos conformar. Ela partiu e devemos nos consolar e entender que ela não está mais conosco. Acalme-se, Laurita, filhinha, acalme-se! Voltemos ao trabalho e esqueçamos Leonor.

Continuamos a trabalhar e Laurita voltou ao normal, como se nada tivesse acontecido. Procuramos não falar mais de Leonor, mas nunca a esquecemos. O tempo se encarregou de nos fazer entender que ela não estava mais fisicamente conosco, mas que o amor que sentíamos por ela continuava sempre vivo e forte em nós.

Marita cozinhava muito bem e logo pessoas começaram a nos procurar para que servíssemos as refeições, mesmo sem estarem hospedadas. Passamos a servir, como também a vender bebidas. Deu certo. Trabalhávamos muito, mas estávamos contentes. Quatro meses depois nosso empregado se despediu, não queria trabalhar mais, foi morar com a filha. Sentimos sua falta, mas entendemos, já estava idoso e cansado.

Como nossos frequentadores eram na maioria homens, eu e os rapazes tomávamos conta dos fregueses e Marita e as meninas ficavam no interior da casa, para evitar que alguém mexesse com elas.

Meses se passaram, tínhamos saudade de Leonor, mas, desde aquele dia em que Laurita gritou estranhamente, procuramos não falar muito dela.

Como os negócios iam bem, contratei um professor para dar aula aos meus filhos. Ele ia três vezes por semana à nossa casa, na parte da manhã ensinava os menores e de tarde, os maiores. Queria que todos, meninos e meninas, soubessem ler e escrever. Todos os nossos filhos passaram a estudar. Era uma despesa extra, mas Marita e eu não reclamávamos, trabalhávamos muito mais contentes e eles retribuíam, aprendiam com gosto e estudavam bastante.

Comecei a juntar dinheiro para pagar o restante que devia ao ex-proprietário, queria ter toda a quantia quando ele viesse buscá-la.

Um dia Marita foi ao mercado e voltou acompanhada de uma negrinha que estava com a cabeça baixa, segurando uma trouxa de roupas nas mãos.

– Lourenço – disse Marita –, quero lhe falar.

Saí do balcão e acompanhei Marita aos nossos aposentos, e minha esposa, encabulada, torcia as mãos, não sabia como começar.

– Diga, Marita! – pedi. – Que tem para me dizer? Quem é esta mocinha? É escrava?

– Ela se chama Benedita...

– Quem é esta Benedita? Por favor, fale – insisti.

– É a escrava que comprei no mercado!

– Comprou?! – espantei-me. – Com que dinheiro?

– Com o que guardamos. Lourenço, por favor, não fique bravo! Sei que não gosta da escravidão e nosso plano é não ter escravos. Mas... É que vi no mercado esta menina, estava tão sozinha, é tão novinha, tem a idade dos nossos filhos. Ela me comoveu. Imaginei por momentos que eu era a mãe dela e que gostaria que alguém bom a comprasse e cuidasse dela. Enquanto a olhava, um senhor indecente a examinava, isso mesmo, ele a examinava como se conferisse uma mercadoria. Senti-me horrorizada com o olhar de cobiça dele, ela chorava com medo. Não resisti e a comprei. Agora vou pegar o dinheiro e irei pagar ao mercador. Sinto pelo seu dinheiro...

Pensei por instantes. Não poderia ter companheira melhor. Marita era muito bondosa, nunca reclamava, estava sempre ao meu lado, fazia tudo para me agradar. Era econômica, nunca exigia nada. Compreendi seus sentimentos em relação à mocinha. Seria difícil juntar o dinheiro no prazo, mas daria um jeito. Ela esperava minha resposta, torcendo as mãos.

– Marita, o dinheiro não é só meu, é nosso. Haveremos de dar um jeito...

– Lourenço, você não ficou bravo comigo? Que bom!

Abraçou-me, abraçamo-nos.

– Marita, você é a melhor pessoa do mundo! – elogiei-a com sinceridade.

Benedita passou a ser parte da família. Foi bom, passou a ajudar muito Marita.

Recebi, dois meses depois, uma correspondência, contente, gritei por Marita:

– Marita, veja que bom! O filho da portuguesa escreveu-me dizendo que adiará sua viagem para cá.

– Por Deus! – exclamou ela alegre –, teremos tempo para ajuntar o dinheiro e até de gastá-lo...

Marita calou-se e me olhou, começou a torcer as mãos. Olhei-a desconfiado, quando ela torcia as mãos era que alguma coisa acontecia. Ficamos nos olhando em silêncio, até que ela criou coragem e disse apressada:

– Você e os meninos estão trabalhando muito. Acho que devemos comprar um escravo para ajudá-los. Sei que não quer ter escravos, mas é que...

– Marita, explique melhor! Realmente não quero ter escravos, quando pudermos, contratarei um empregado.

– Sabe, Lourenço, Benedita é tão boazinha. A mãe dela morreu quando ela nasceu. Foi criada por outra escrava de sua dona. Quando sua dona morreu, o filho levou todos os escravos para serem vendidos no mercado. Benedita tinha um namorado, um grande amor, e foi separada dele. Ele é Bidu, está agora morando não muito longe daqui. Estamos com muito dó dela. Já pensamos muito e não encontramos outra forma de resolver a situação, pois sabíamos que tínhamos que pagar ao antigo proprietário. Coitadinha, chora sempre de saudades...

Alguns dos nossos filhos vieram curiosos para perto de mim quando gritei com a carta na mão, ficaram quietos, escutando nossa conversa. Marita calou-se e eu os olhei. Para mim, nenhum filho tinha problema ou nos dava preocupações. Entendi, naquele momento, que quando eles tinham alguma dificuldade era Marita que resolvia e eu nem ficava sabendo. Isso para me poupar. Sorri e os deixei assustados. Falei comovido:

– Amo vocês! Ah, como os amo! Vocês são maravilhosos! Vamos comprar o Bidu!

– Viva! – exclamaram as crianças.

– Papai – disse José Maria –, prometo trabalhar mais...

– Não – respondi –, se vou comprar um escravo, será o empregado que me ajudará para que vocês, meus filhos, trabalhem menos. E lá vai o nosso dinheiro, se Deus nos ajudou, ajudará novamente, conseguiremos ajuntá-lo de novo antes de o filho da portuguesa voltar.

– Obrigada, Lourenço! – agradeceu Marita com lágrimas nos olhos.

Sabendo de todos os detalhes, lá fui eu atrás do dono do tal Bidu, para comprá-lo.

Gastei mais do que previra. O dono, me vendo interessado, não fez por menos. Mas voltei para a casa com Bidu. Ele era um negro bonito, sorriso aberto, disfarçadamente me examinou com medo no olhar. Não quis amarrá-lo e pedi para que me acompanhasse. Não ousou perguntar nada, seguiu-me cabisbaixo, me comovi e expliquei:

– Bidu, comprei você para satisfazer minha esposa, que tem uma escrava que diz amá-lo muito. Tenho uma estalagem e você trabalhará conosco. Espero não me arrepender de tê-lo comprado.

– Não se arrependerá, senhor, sei trabalhar direitinho e aprendo rápido. Uma escrava... Quem é ela?

– Benedita!

– Benedita? – perguntou pensativo.

Parecia não recordar. Pensei: "Que paixão é essa?" Concluí, que só ela, a Benedita, amava.

– Benedita – expliquei –, a órfã que viveu com você na casa da senhora do sobrado.

– Ah, sim! Claro!

Sorriu descontraído, mas em seguida voltou a ficar sério. Que horror, pensei, como deve ser ruim ser escravo. Ser vendido, passado de um dono a outro, sem ao menos ser consultado se quer ir ou não. Viver em outro lugar, sem me conhecer, sem saber se eu era bom ou mau nem o que ele faria dali para frente. O coitado devia estar ansioso e temeroso. Seria pior ou melhor que o antigo dono? Tive dó, dei-lhe um tapinha nas costas e sorri.

– Você irá gostar da estalagem.

Ele sorriu e seu olhar se alegrou, confiante.

Ao chegarmos a casa, todos nos esperavam curiosos.

– Benedita!

– Bidu!

Correram um para os braços do outro. Pensei: "É bem malandro este Bidu!". Fiquei feliz por todos terem ficado contentes. Marita preparou o quarto deles como se fossem casados. Não me arrependi, Bidu era cativante, esperto, trabalhador, estava sempre alegre e sorrindo. Atendia bem os fregueses.

Para nossa alegria, o antigo proprietário atrasou-se novamente e conseguimos ajuntar o dinheiro bem às vésperas de sua chegada. Ele me explicou, justificando sua demora:

— Senhor Lourenço, estava de viagem marcada e minha mãe ficou doente. Depois, quando tudo novamente estava acertado, foi minha esposa que adoeceu.

— Seu dinheiro está aqui — disse feliz.

Prosperamos, aumentamos a casa, fizemos mais quartos, a estalagem estava sempre limpa e agradável. Ficou realmente bonita e estava sempre lotada de hóspedes. Agora nossos filhos estavam bem-vestidos e nada lhes faltava. Estudavam com gosto: os meninos foram para um colégio pago e o professor continuou a dar aula para as meninas.

Benedita ficou grávida e Marita fez todo o enxoval, parecia que era um neto que ia nascer. Todos esperavam o nascimento do nenê. Quando Benedita entrou no trabalho de parto, uma parteira foi chamada, só que houve complicações, a criança não nascia. Ficamos preocupados e fui buscar um médico. Ele veio, mas, ao ver que ia atender uma escrava, reclamou:

— O senhor não me disse que ia atender uma negra!

— Para mim os seres humanos são todos iguais, o senhor não pensa assim? — perguntei.

Ele não respondeu, porém fez tudo para ajudar Benedita, mas ela morreu e a criança, um menino, sobreviveu.

Foi uma choradeira. As crianças gostavam muito dela. Bidu ficou desolado.

— Que faço agora com o nenê, senhor Lourenço?

– Vamos criá-lo – afirmei.

– Vamos? Posso ficar com ele? – Bidu admirou-se.

– Claro! Imagina se Marita irá querer se desfazer desta criança.

– Juro por Deus não ter mais filhos! – prometeu Bidu. – É o primeiro e o último. Nunca mais me caso.

Chamamos o nenê de Marco, Marquinho, e Marita criava-o como um filho. Realmente não queria ter escravos, então dei liberdade para os dois. Reunimo-nos na sala e chamei Bidu.

– Bidu – comuniquei alegre –, resolvemos não ter escravos, por isso aqui está sua carta de alforria e a do Marquinho. São livres!

Pensamos que Bidu ia pular e gritar de alegria. Mas, quando comecei a falar, ele pensou que íamos vendê-los, assustou-se, depois suspirou aliviado, ficou quieto por instantes e gaguejou desolado:

– Vocês não me querem mais? Que faço com Marquinho? Teremos que ir embora?

Dei uma risada.

– Claro que não, Bidu! Tente nos tirar Marquinho ou levá-lo embora que Marita mata você. Vocês agora são livres, mas os queremos aqui. Quero-o como empregado!

– Verdade? Iarruuu!

Pulou de contente, depois nos agradeceu chorando de alegria:

– Obrigado, patrão, obrigado, patroa e patrõezinhos. Serei o melhor empregado do mundo.

E foi.

Para não sobrecarregar Marita, contratei como empregados um casal de meia-idade para ajudá-la.

Marquinho crescia forte e esperto.

– Lourenço – Marita me chamou para uma conversa a sós. Torcia as mãos. – Tenho algo a lhe dizer...

– Diga, Marita – preocupei-me –, seja o que for, diga logo.

– É que estou grávida – disse envergonhada.

– Grávida! Que bom! Por que se envergonha?

– É que já temos filhos moços...

– Ora, Marita, somos casados e não vejo o porquê da vergonha.

– Temi aborrecê-lo.

Olhei-a com carinho, ela estava sempre pensando em mim. Abracei-a.

– Fez a criança sozinha? – indaguei.

Rimos.

Foi uma festa e Deus nos presenteou com outra menina, a quem demos o nome de Dolores.

CAPÍTULO 5

Uma outra mudança

Prosperamos. Todos estávamos contentes por morar no Rio de Janeiro e por trabalhar em algo nosso. Marita resolvia todos os problemas dos nossos filhos, a única vez que me pôs a par de um foi sobre minha filha Laurita.

– Lourenço – ela estava preocupada –, Laurita é diferente! Não sei o que tem. Já pedi a bênção para ela no convento, não adiantou nada. Ela vê pessoas mortas, fala com elas. A menina sofre! Tem medo! Você se lembra daquela vez, quando ela gritou pedindo para não chamarmos por Leonor?

– Lembro-me bem, estranhamos muito. Mas foi só aquela vez, não foi?

– Tem acontecido sempre. Estou lhe dizendo isso porque estive no convento e lá os frades disseram que, para livrá-la disso, necessita de missas e bênçãos especiais que custam caro.

– Pague o dinheiro que precisar, Marita, livre nossa filha dessas esquisitices.

Foi feito tudo o que eles nos pediram, Marita pagou caro e nada; Laurita continuava estranha.

Os filhos moços começaram a casar, Laurita arrumou um noivo. Não gostamos dele, era mestiço, sua mãe era índia, era muito calado e nunca sorria, possuía um sítio perto do Rio. Preocupamo-nos com esse namoro e com o possível casamento. Achei que ele deveria saber o que acontecia com ela. Quando ele veio pedir para noivar, chamei-o para uma conversa particular e contei tudo que se passava com Laurita. Estranhei, vi-o sorrir pela primeira vez. Respondeu tranquilo:

– Senhor Lourenço, Laurita já me disse tudo isso. Pode lhe parecer estranho o que ocorre com ela por não entender esses fatos, mas para mim isso é natural. Quero-a como ela é e com certeza poderei ajudá-la.

Suspirei aliviado.

Meses depois se casaram e ela acompanhou o marido, toda feliz.

José Maria continuava solteiro, não se interessava por ninguém e não foi muita surpresa quando ele nos chamou para uma conversa. Ele estava muito feliz:

– Papai, Marita, quero comunicá-los que entrarei para o convento. Serei padre!

Não sabia se ficava alegre ou triste. Amava muito José Maria. Às vezes achava que ele era o meu pai, não eu o dele. Eu o respeitava, era sempre ponderado e muito bondoso. Desconfiava que ele poderia acabar num convento, gostava muito de ir à igreja, mas preferia vê-lo casado e criando filhos. Nessa época José Maria lecionava na escola do convento, como também dava aulas para muitas crianças pobres e ainda nos ajudava. Íamos sentir muito sua falta, eu ia sentir, pedia-lhe opinião sobre tudo. Marita o abraçou, também o fiz, com lágrimas nos olhos, falei gaguejando:

— Espero que você tenha certeza do que está fazendo. Lembre-se de que aqui é seu lar e sempre será.

— Obrigado, papai! — José Maria emocionou-se.

Fez os votos no Rio de Janeiro e depois foi para o interior da Província de São Paulo. Entristecemo-nos com sua partida, porém ele estava feliz e cheio de planos. Escrevíamos sempre.

João Antônio, filho de Marita, formou-se médico. Que alegria! Parecia que realizava meu sonho. Sempre quis ser médico. Desde pequeno, na Espanha, sonhava em estudar Medicina, não consegui. Mesmo depois de adulto e agora já envelhecendo, acalentava o sonho de ser médico, de curar pessoas. Doenças e remédios eram assuntos que me fascinavam.

Bidu era um mulherengo. Conquistava as escravas das redondezas, mas não quis mais se envolver com nenhuma. Um dia ele me trouxe um recado:

— Lolita está apaixonada pelo senhor! Pediu para marcar um encontro.

Lolita era uma mulher bonita e a tentação foi grande demais, acabei indo ao seu encontro. Depois da primeira vez aconteceram outras, e, como era fácil, passaram a ser frequentes. Depois me envolvi com uma bailarina, uma moça nova e muito bonita. Quando dei por mim, já fazia meses que nos encontrávamos. Notei que Marita desconfiava ou já sabia. Não queria magoá-la e nunca pensei em deixá-la por mulher nenhuma. Terminei o romance e passei a ser mais caseiro e dar atenção à minha esposa. Mas por muitas outras vezes tive romances com outras mulheres.

Estávamos em casa agora só com nossos quatro filhos, os dois nossos já adolescentes, Marquinho, que nos chamava de pai e de mãe, e Dolores, com oito anos.

Joaquim trabalhava comigo, casou-se e morava perto da estalagem, tudo já estava sob sua ordem e controle. A pensão agora era grande e bonita e nos dava um bom dinheiro, tínhamos muitos empregados. Estava pensando em adquirir outra quando comecei a me sentir mal.

— Marita, estou cansado, indisposto, tenho vontade de ir para a cama.

— Pois vá, Lourenço, cuidaremos de tudo. Vá descansar. Quanto tempo trabalha sem descanso?

Nem sabia, somente lembrava ter parado de trabalhar na viagem, no navio, e na estalagem nunca havia parado um dia sequer. Deitei-me, mas não senti melhora, dois dias depois ainda estava indisposto. Marita e Joaquim me fizeram ir ao médico, já que João Antônio estava viajando. Ele me receitou uns remédios e repouso. Tomei os remédios, mas não fiz o repouso. Não tinha paciência. Então senti uma dor forte e desmaiei, quando voltei a mim, Marita e o médico estavam ao meu lado, não conseguia raciocinar direito, escutava-os falar, só que não os entendia bem.

– Ficará inválido...

– Não irá mexer com o braço direito...

– Talvez não fale mais...

Meu raciocínio foi melhorando, mas não conseguia me mexer. João Antônio veio me ver, tentou me animar, mas concordou com o outro médico, não havia nada a fazer. A melhora que tive dias depois foi que comecei a compreender o que se passava comigo, ouvia bem, entendia, mas não falava.

Meus filhos se revezavam em carinho e atenção, e Marita cuidava de mim o tempo todo.

– Calma, Lourenço – pedia minha esposa carinhosamente –, você ficará bom. Cuidarei sempre de você!

Vendo-a tão delicada, me arrependi profundamente de tê-la traído. Queria pedir perdão, mas não conseguia me expressar. Tentava falar e deixava todos aflitos, eles não me entendiam. Joaquim achou que era com ele, me disse com sinceridade:

– Papai, cuido de tudo, estou substituindo o senhor à altura, tenho me esforçado e a estalagem está como o senhor gosta. Prometo ajudar Marita e educarei meus quatro irmãos como se fossem meus filhos. Não se preocupe!

Sorri grato. Sabia que ele cumpriria, podia confiar nele, Joaquim era trabalhador e muito bom. Estava tranquilo quanto a isso. Os dois meninos já eram adolescentes e a mocinha já era noiva. Marquinho tinha o pai. Só restava Dolores. Para não deixá-los aborrecidos por não me entender, não tentei mais falar. Marita com certeza iria me perdoar ou já me perdoara, cuidava de mim com muito carinho.

Um dia, estando só nós dois, apertei sua mão e ela sorriu.

– Sabe, Lourenço, quero-o bem! Você foi sempre bom comigo. Quando Amâncio morreu me deixando viúva com os filhos pequenos, desesperei-me e senti muito medo. Não conseguia dormir, pensando no que iria fazer. Temi não conseguir trabalhar para sustentá-los. Não queria esmolar nem me prostituir. Por eles era bem capaz de fazer isso. Você veio me auxiliar, casamos e, embora sem amor, até que deu certo. Tivemos bons momentos...

Esforcei-me e consegui estalar um beijo para ela, que sorriu, beijando-me a testa.

– Se quer me agradecer, não precisa. Não cuido de você por obrigação, faço agradecendo a oportunidade.

Levantou-se e fiquei olhando-a. Nunca achei Marita bonita, mas agora podia vê-la como realmente era, minha esposa era sim bonita, pois possuía a beleza da bondade e da honestidade. Ela me perdoou, senti isso e me tranquilizei. Pus-me a pensar em Marita: para ela não foi fácil, viúva, longe dos familiares, só podendo contar comigo, aceitou-me para esposo pelos filhos. Talvez tenha amado somente Amâncio. As circunstâncias nos uniram e sempre foi uma excelente esposa e mãe. Ela deve ter sofrido muito, mas nunca se queixou. Era maravilhosa minha companheira.

Fiquei quatro meses doente, até que uma crise me fez desencarnar.

Senti que desmaiava e fui voltando aos poucos, sem entender o que ocorria. Estava no quarto, vi, confuso, meu corpo imóvel deitado no leito, vestido com minha melhor roupa, e eu, com a roupa de dormir, estava perto dele. Mas quem sentia, pensava, era eu, o da roupa de dormir, o outro parecia um boneco.

Ouvi o choro dos filhos, que diziam:

– Papai morreu...

– Era tão moço ainda...

– Tinha muita esperança que sarasse...

Que perturbação terrível! Queria firmar o pensamento e entender o que estava acontecendo comigo e não conseguia. Tiraram o boneco, o meu outro eu, meu corpo físico, e o levaram. Fiquei sozinho e me senti aliviado. Não sei como, mas consegui me acomodar no leito e dormir. Acordei apavorado. Que teria acontecido comigo? Estaria morto? Achei que não, morrer não era assim. Não estava sendo julgado, nem vira Deus, nem o demônio. Devia estar mais doente ainda, aquele tal derrame me havia feito perder o juízo. Devia estar louco. Fiquei desesperado e sofri muito.

Estava perturbado, mas percebia que os dias passavam. Via Marita triste, vestida de preto no quarto sem sequer me ver, ela orava, deitava-se e dormia no seu canto, como sempre.

É difícil falar do que sentia, tal era meu desespero. Era ignorado. Não entendia o porquê de eles procederem assim, se antes eram todos atenciosos e amorosos, de repente passaram a agir como se eu não existisse. Sentia-me sozinho, a solidão me doía, estava profundamente triste e chorava até a exaustão.

Um dia senti que estava mais cansado do que de costume, tive vontade de orar e o fiz. Durante minha existência encarnada, orei pouco, às vezes ia à missa. Adorava a Deus, era temente, mas não era fervoroso. No navio passei a ler a Bíblia, hábito que nunca abandonei. Mas achava a religião católica um tanto diferente do que lia, mas isso ficou comigo, não dizia nada a ninguém. Queria ter sido protestante, mas não fui por não ter coragem de mudar e de ser minoria, talvez até por comodismo.

A oração me acalmou e, relembrando das passagens prediletas que lia no Evangelho, senti-me melhor. Então vi um vulto que julguei ser Leonor e a escutei.

— *Lourenço, o senhor teve o corpo de carne morto. Agora deverá aprender a viver em espírito. Quero ajudá-lo!*

"Morto, eu?!" — pensei dialogando com ela. — *"Nunca! Estou vivo, sinto-me vivo!"*

— *É que só o corpo morre, somos sobreviventes* — disse Leonor com ternura, tentando me explicar.

"Tenho medo de você! Deixe-me em paz! Você está morta há muitos anos!"

Repeti estas frases muitas vezes em pensamento, porque, julgando estar encarnado e doente, não falava. Fechei os olhos e quando os abri o vulto havia sumido e eu fiquei tenso e perturbado. E tudo continuou do mesmo modo, estava triste, profundamente amargurado com a situação. E se às vezes vinham na minha mente os dizeres de Leonor, repelia estes pensamentos com medo. Não queria estar morto e certamente, pensava, não estava.

Era Natal, soube por ter escutado Marita dizer, ela estava mais contente, a família se reuniria e até José Maria viria. Marita estava no nosso quarto se arrumando, quando as meninas entraram. Nossas filhas eram todas adultas, mas para mim ainda eram as meninas — e, começaram a falar de mim. Comecei a chorar baixinho, emocionado e saudoso.

– Às vezes parece que vejo seu pai sentado naquela poltrona – contou Marita. – Sinto muita falta dele...

– Pois eu o vejo na poltrona – disse Laurita naturalmente.

Assustaram-se, assustei-me, estava exatamente sentado na poltrona. Não saí do quarto, mas sem entender como, ia da cama para a poltrona, às vezes até a janela e com facilidade voltava para a poltrona.

– Laurita – Marita estava assustada –, você continua com suas esquisitices? Vê Lourenço? Você está bem?

– Estou bem – afirmou Laurita apressada –, o que quis dizer é que também sinto igual a você. Imaginei-o sentado na poltrona, como fazia no período em que esteve doente. Não tenho mais aquelas esquisitices, estou bem.

Suspiraram aliviadas e saíram. Marita estava sozinha quando José Maria bateu à porta e entrou. Emocionei-me ao vê-lo. Estava de batina, abraçou Marita, sorridente, senti-o feliz.

– Marita, pena que não pude ver papai doente, mas quero agradecer-lhe por ter cuidado dele com tanto carinho.

– José Maria, cuidei de Lourenço e cuidaria quanto tempo ele ficasse doente. Era meu dever de esposa, mas não o fiz por dever. Queria bem a ele. Seu pai e eu estivemos juntos muito tempo, não foi uma união por amor, foi pelas circunstâncias que nos unimos e nos esforçamos para dar certo. Fomos amigos! Ajudamos muito um ao outro.

– Entretanto ele a traiu...

– Suas traições não me magoaram, perdoei-o. Só guardo dele as boas recordações, ele me ajudou muito e sou muito grata.

Chorei emocionado. Uma das filhas chamou Marita, que saiu do quarto, e José Maria ficou sozinho comigo. Ele se pôs a orar:

"Papai, que Deus o abençoe! Que os anjos do Senhor, que são as boas almas que viveram na Terra, possam ajudá-lo. Queira esta ajuda, por favor! Não seja orgulhoso! Tudo muda! Fez a grande, a maior mudança de sua vida, adapte-se a ela!"

Saiu do quarto, e vi Amâncio ao meu lado.

– *Lourenço, entenda que seu corpo morreu* – rogou ele carinhosamente sorrindo, tentando não me assustar mais do que eu já estava por vê-lo ali ao meu lado.

Não falava, apenas pensava, pois achava que não conseguia balbuciar nem me esforçava, mas, como Leonor, Amâncio me entendeu. Disse a ele, ou quis dizer:

"Amâncio, você está morto há tanto tempo. Não veio me cobrar nada, não é? Cumpri a promessa."

– *Por que acha que vim cobrar? Venho ajudá-lo! Você foi muito amigo, sou profundamente grato. Criou meus filhos como se fossem seus. Mas agora deve vir comigo.*

"Para onde?" – indaguei.

– *Para um lugar bom, bonito; venha, não tenha medo. Fomos sempre amigos.*

"Está bem, vou."

Estava com medo, mas dei uma de corajoso, sorri, pensando como Amâncio ia me levar, eu não caminhava. Mas ele me pegou como se eu fosse uma criancinha e senti que levantou do chão comigo nos braços. Gritei apavorado:

"O telhado, Amâncio!"

Mas passamos pelo telhado, segurei nele com força e fechei os olhos, só os abri quando senti que Amâncio andava novamente. Olhei tudo, curioso. Pensei indignado:

"Onde estamos? Que lugar é este?"

– *Por que você não fala, Lourenço?* – Amâncio me incentivou, me olhando, sorrindo tranquilamente.

– *Não consigo* – esforcei. – *Não consigo?! Estou falando!*

Amâncio me deixou num leito, explicou-me que estava num local chamado hospital, numa enfermaria, e que ali me recuperaria dos reflexos da minha doença carnal.

Levei meses para me recuperar, sempre com os cuidados e carinhos de Amâncio e Leonor.

– *Lourenço* – explicou Leonor –, *eu e papai o desligamos quando seu corpo morreu, mas não pudemos socorrê-lo. Estava tão ligado à matéria que não conseguia nos ver, mas estava sempre um de nós a visitá-lo e tentávamos fazê-lo entender seu estado de desencarnado.*

– *Mas eu não os via, só vi você, Leonor, uma vez e tive muito medo.*

– *Foi quando você orou com sinceridade. Não nos viu por temor e porque, preso à matéria, enxergava como se ainda estivesse encarnado. Quando papai o socorreu, foi porque pôde usar da energia de Laurita e da vibração maravilhosa de José Maria.*

– *Sou grato a vocês!*

– *Também somos a você!* – exclamou Amâncio, feliz.

– *Amâncio* – indaguei-o curioso –, *onde está Dolores, minha primeira esposa, e Eva, minha filhinha que morreu no navio? Gostaria de abraçá-las. Será que Dolores achou ruim por eu ter casado com Marita?*

Riram.

– *Lourenço, você irá aprender muitas coisas agradáveis, boas e coerentes por aqui. Dolores, tal como eu, abençoou sua união com Marita e foi muito grata a ela por ter sido mãe para as crianças. Dolores e Eva reencarnaram. Você irá compreender que Deus é bondoso demais conosco e nos dá sempre novas oportunidades de nos melhorarmos. Você viu que seu corpo morreu e apesar disso continuou vivo e você pode retornar a um outro corpo em formação no útero de uma mulher, ser outra personagem e viver novamente na matéria, isso é a reencarnação. Dolores voltou à Espanha e por lá reencarnou, e Eva voltou também à matéria, renasceu como sua filha, aquela a quem você deu o nome de Dolores.*

– Isso é fantástico! – exclamei.

Os dois saíram e fiquei a pensar em tudo o que me disseram. Amei Dolores, minha primeira esposa, porém a esqueci com o tempo. Recordava dela em raros momentos. Compreendi: ela continuou sua caminhada como eu continuei a minha. Era grato a esse espírito, mas achava que agora estava muito mais unido a Marita.

Recuperei-me e fui aprender a viver com o corpo que eu tinha agora, o perispírito. Havia feito uma mudança. E como sentia ser grande esta mudança!

CAPÍTULO 6

Querendo aprender a amar

Gostava de viver ali, estava numa colônia linda e bem organizada, desfrutando da boa vibração do local, porém gostava muito, muito mais da vida encarnada. Às vezes chorava com dó de mim, de saudade, de vontade de estar encarnado na minha casa, trabalhando, tendo outras mulheres, tomando o meu vinho. E, nesses momentos, muitas vezes as orações de José Maria vieram me confortar.

"Papai, ame a vida, aceite o que lhe é oferecido. Tudo muda! O senhor mudou a forma de viver. Ame e tudo se tornará mais fácil."

Pensei, pensei muito e concluí que o que faltava em mim era amor. Quis aprender a amar. Fui conversar com meu instrutor.

– *Senhor, gostaria de amar. Queria aprender a amar a tudo e a todos. Quero sentir o amor verdadeiro, sem egoísmo, sem paixão. Queria, ao reencarnar, amar e agora viver com amor a vida de desencarnado.*

– *Para amarmos é necessário compreender que somos parte de um todo, do Universo criado por Deus. Como isso é difícil! Podemos, tendo afinidade com outro espírito que ama, absorver os fluidos de sua aura bondosa. Nesse contato aflora em nós o amor que tanto queremos cultivar.*

"Vou lhe dar um exemplo: a madeira é fogo potencial, mas, por maior que seja a montanha de madeira, ela não gera fogo, para que este fogo possa atuar é suficiente um palito de fósforo.

"Nós todos temos um tremendo amor potencial herdado do Senhor do Universo, muitas vezes precisamos do fogo de um outro espírito para que nosso potencial se realize."

Após uma pausa, indagou-me:

– *Como acha que aprenderá?*

– *Não sei bem, mas, após escutá-lo, acho que com alguém que ama.*

– *Conhece alguém?*

– *Sim, meu filho José Maria.*

– *O padre! Sim, creio que ele sabe amar.*

Aí me lembrei do passado... Estava cansado, sofrendo muito, vagando com muito remorso e ele veio me socorrer. Tive só esta lembrança. Senti naquele instante que ele veio ser meu filho para continuar me ajudando. O instrutor me olhou e sorriu.

– *Vamos analisar seu pedido, Lourenço. Acho também que com o padre José Maria você aprenderá muito.*

Dias depois ele veio me ver.

– *Lourenço, você poderá ficar junto de José Maria, poderá, em espírito, ser seu companheiro de trabalho. Mas para isso deverá estudar para aprender bem o que deve ou não fazer um desencarnado que fica junto a encarnados.*

– *Nem que estude por cem anos não serei melhor do que ele* – respondi.

– *Também acho* – concordou o instrutor tranquilamente –, *pois ele não para de aprender, está sempre aproveitando as oportunidades para se instruir e progredir. Por que acha que tem que ser melhor do que ele?*

– *Pensei que o protetor fosse sempre melhor do que o protegido* – opinei.

Ele riu e elucidou-me:

– *Desencarnados que ficam perto de encarnados com intuito de ajudá-los ou serem seus companheiros de trabalho poderão ser tidos como guias, protetores, mas nem sempre é assim, na maioria das vezes são amigos que aprendem juntos. Você, Lourenço, irá ser, na realidade, discípulo de José Maria. Eu disse "companheiro" e é o que serão, já são amigos e um afeto sincero os une. Não pediu para aprender? Achamos que com ele aprenderá e juntos farão muitas coisas boas. Lourenço, lembremo-nos de que também são tidos como guias e protetores desencarnados maus, que, ligados com os seus afins, fazem maldades juntos. Não pense você que só pelo fato de estarem desencarnados são mais eficientes e sábios. Não despreze o encarnado, ele era o desencarnado de ontem e será o de amanhã. Embora preso no corpo de carne e tendo limitações, ele é o que faz por ser. E você não deve ir para perto de José Maria como desencarnado paternalista, querendo fazer toda a lição que cabe a ele, você deve fazer sua parte e deixar que ele faça o que lhe cabe para que continue a crescer e a aprender. Você também, fazendo o que lhe compete, progredirá. E também não deve pensar que ele lhe obedecerá. José Maria tem, como todos nós, o livre-arbítrio. Ele receberá suas ideias, porém tem discernimento para analisá-las com inteligência e só acatará o que lhe convier. Todos os encarnados deveriam agir assim, analisar tudo o que vem dos desencarnados, discernir e acatar realmente o que é bom para eles e para o grupo.*

Fez uma pausa e continuou a me elucidar, não entendi bem o que ele disse naquele momento, mas, como os bons ensinamentos ficam, tempo depois, já estando mais maduro, os entendi.

– Lourenço, é muito comum hoje, na nossa humanidade, confundir conhecimento intelectual com intuição espiritual. Conhecimento intelectual faz parte de nós, o que já vivemos na vida, é passado, portanto é algo que já acabou. Intuição espiritual é a abertura da nossa alma para o movimento da vida, que não é passado nem futuro, é sempre atual. Paulo de Tarso, compreendendo esta profundidade da unicidade do indivíduo com o Universo, disse: "Já não sou mais eu que vive, mas sim Cristo que vive em mim". Ele não estava falando de sua intuição como homem, mas sim transcendendo a mente superficial da vida ou a material, porque nossa mente, e a da maioria da Humanidade, estão ligadas às funções materiais, portanto são mentes materiais. E devemos ser mais que isso, devemos sentir sempre Cristo em nós.

Agradeci, comovido.

Tive permissão para visitar minha família. Leonor me acompanhou. Primeiramente ela me levou até meus filhos, não demorou muito, vi-os, tranquilizei-me percebendo que estavam bem, abracei-os e depois fomos para minha ex-casa. A estalagem estava como sempre, limpa e bonita. Joaquim havia realizado meu sonho, comprou uma outra e foi com a família dele morar lá. Continuaram cuidando da minha ex-casa, Marita, Bidu e Marquinho. Meu filho solteiro entrou para o exército e a mocinha se casou, Dolores, nossa filhinha, estava muito bem e bonita.

Olhei-os com carinho. Lembrei-me de quando comprei Bidu, de fato não me arrependi nem de tê-lo adquirido nem de ter lhe dado a liberdade. Ele foi sempre leal e trabalhador.

Marquinho estava moço, estudou com o professor em casa, não pôde ir ao colégio, não o aceitavam por ser negro. Marita chateou-se, mas ele não se importava, gostava de trabalhar. Olhei-o, era um lindo rapaz, educado e, enquanto eu o observava, foi perguntar algo a Marita.

– *Leonor* – quis saber –, *Marita teve tantos filhos, todos a amam muito, é difícil alguém não lhe querer bem. Mas acho que Marquinho a ama mais que os outros. Será que já viveram juntos outras existências?*

– *Também já notei o carinho que Marita tem por Marquinho* – Leonor me esclareceu. – *Já pesquisei isso e tive uma surpresa. Não, Lourenço, eles não viveram juntos, o afeto é dessa existência mesmo. Marquinho foi, na sua outra existência, Abelino.*

– *Abelino?!* – assustei. – *O negro que desencarnou lutando comigo?*

– *Sim* – continuou Leonor a me elucidar –, *quando ele desencarnou, Marita orou por ele, isso muito o ajudou. Ele então, grato,*

Vera Lúcia Marinzeck de Carvalho ditado por Antônio Carlos | 73

passou a querer-lhe bem. Para continuar seu aprendizado teve novamente de revestir um corpo negro e, quando Benedita ia conceber, teve permissão para reencarnar perto daquela que julgou ser sua benfeitora e assim o fez.

Olhei-os com amor. Entendi que realmente ele me perdoara. Os dois conversavam:

– Mamãe – pediu Marquinho –, vá descansar, faço isso para a senhora.

– Não estou cansada, Marquinho. Sabe bem que gosto do trabalho.

– Sei sim, mas não quero vê-la doente. Por favor, não se exceda.

– Você é um bom filho, menino de ouro! – Marita sorriu.

– A senhora é uma mãe maravilhosa e sou grato a Deus por tê-la como madrinha.

– Marquinho, sou sua mãe, não o pari, mãe de coração é mais do que de barriga. Quero-o como meu filho!

Leonor me puxou pela mão.

– *Temos que ir!*

– *Já? Queria ficar mais.*

– *Vamos, Lourenço, ainda temos que ver José Maria.*

Volitamos, aprendi a volitar, gostava de aprender. Tinha consciência do muito que ainda tinha que aprender e ansiava por fazê-lo.

José Maria estava no interior da Província de São Paulo, numa cidade que prosperava. Passara três meses com Marita e voltara à sua atividade.

Encontramo-lo em sua cela, ou quarto. Estava lendo. Leonor e eu o abraçamos. Minha acompanhante passou as mãos pelos seus cabelos.

José Maria parou de ler e pôs-se a recordar, acompanhamos suas lembranças.

Tinha poucas recordações da Espanha. A viagem para o Brasil o marcou muito. O balanço do navio lhe dera muito enjoo. Sentiu muito a desencarnação de Eva, foi doloroso para ele ver seu corpinho sendo jogado ao mar, enrolado num pano branco.

Depois a complicação do parto da mãe, orou sozinho pedindo a Deus que não a deixasse morrer. Com a desencarnação de Dolores, a dor e a insegurança o assaltaram.

"E se papai não nos quiser mais?" – pensou aflito naquele momento. – "Se ele casar com outra e sua mulher não nos quiser? Será que serei capaz de criar meus irmãozinhos?"

Chorou muito. Foi um período difícil em que sofreu demais. Mas não deixou ninguém perceber seu sofrimento, isso para não me entristecer mais ainda. E resolveu que, como era o mais velho, iria me ajudar.

Não gostou da viagem, mas não reclamou e fez de tudo para me auxiliar, cuidando dos mais novos com carinho.

Lembrou-se da fazenda, do meu primeiro emprego, de como trabalhou. Agora, acompanhando suas lembranças, vi que, embora ele fosse ainda tão pequeno, resolvia os problemas dos irmãos menores e que trabalhava muito para me ajudar.

A mudança novamente, lembrava-se dos detalhes, também recordei emocionado. Lembrou da desencarnação de Amâncio, da preocupação com Marita, a quem queria muito bem, do alívio quando resolvi morar com ela e os primos, da alegria em ver-nos casados.

Então descobri que José Maria e Leonor se amaram... O amor puro, verdadeiro, os uniu na beleza da adolescência. Os dois fizeram planos de casar, ter filhos e logo que estivéssemos estabelecidos no Rio de Janeiro iam nos contar do namoro. Os dois iam constantemente ao riacho, faziam planos, o futuro para eles ia ser lindo.

Vi emocionado as cenas em que ele saiu para chamá-la no dia que preparávamos a mudança. Foi ao riacho gritando o nome dela, estava feliz, quando a viu caída, estremeceu, teve um estranho pressentimento e correu para perto dela.

"Leonor, que aconteceu? Você caiu?"

Sentiu um frio estranho, teve medo, segurou sua mão inerte, entendeu mais pela intuição que pelos conhecimentos que ela desencarnara.

"Meu Deus!" – exclamou angustiado. – "Leonor está morta!"

Beijou-a no rosto, o primeiro e último beijo. Lágrimas escorreram-lhe pela face. Deixou-a como estava e correu aos gritos pedindo socorro.

Como ele sofreu! Por tempo se iludiu, Leonor certamente voltaria, depois resolveu não amar mais ninguém e ao mesmo tempo amar a todos. Quando Laurita, na estalagem, pediu aos gritos que não chorassem por ela, José Maria afastou-se e, em lágrimas, como se sua amada o escutasse, disse:

– Leonor, meu amor, não quero prejudicá-la. Quero-a feliz! Muito feliz! Que eu sofra, mas você não!

E Leonor o escutou, pois ali estava em visita, tentando consolar-nos.

Então, naquele momento, ele a viu. Leonor, pelo ectoplasma de Laurita, pôde, com auxílio de um orientador que a acompanhava, fazer-se visível. Ela estava linda, radiosa e lhe disse com muito carinho:

– Como posso ser feliz vendo-os sofrer por mim? Não quero que sofra! A vida continua com a morte do corpo, nossos sentimentos são os mesmos. Amo você, amo todos vocês. Não há separação, somente me ausentei fisicamente. Poderei visitá-los sempre. E sofrerei ao saber que sofrem por mim.

Leonor desapareceu da visão de José Maria. Logo acabou o horário da visita e ela regressou à colônia. José Maria ficou a meditar. Amenizou a saudade ao vê-la, tranquilizou-se ao saber que ela estava bem. Entendeu o que ela lhe dissera. Estariam sempre ligados, o amor que os uniu era sincero, puro e verdadeiro, a ausência física dela não era motivo para findar este sentimento. "É preferível" – pensou – "amar mesmo longe do que nunca sentir o amor. Tantos vivem juntos sem se amar..." Desde esse dia, não sofreu mais por ela, não a perdeu, ninguém perde ninguém já que não se pode ser dono, proprietário do outro, e compreendeu também que o amor une mesmo a distância. Guardou esse amor no fundo de seu coração e este passou a ser sua força para todas as dificuldades.

José Maria findou suas lembranças, levantou-se e preparou-se para se deitar.

– O amor é o brado da alma! – exclamou minha acompanhante.

Entendi que era o amor que dava força a José Maria para prestar auxílio, era isso que ele sentia. Admirei mais ainda meu filho.

– Vamos, Lourenço – lembrou Leonor –, *temos que voltar.*

– Você sempre vem vê-lo? – indaguei.

– Sempre! Amo José Maria! Amo os familiares, os amigos, como também tento amar a Humanidade. Tenho, porém, profundo respeito pelo que José Maria é, pelo que ele faz. Somos amigos, verdadeiramente amigos.

Voltamos à colônia. Dias depois iniciei o curso onde aprenderia a trabalhar com os encarnados. E a primeira pergunta que fiz ao meu instrutor foi esta:

— *Todos os que trabalham com encarnados fazem este curso?*

— *Infelizmente não! Encarnados que não estudam quase sempre têm afinidades com desencarnados que não o fazem. Seria ideal se todos, encarnados e desencarnados, estudassem e fizessem o bem com sabedoria. Mas nem todos fazem o bem... Temos insistido para que os desencarnados que querem trabalhar com os encarnados na ajuda ao próximo venham estudar, mas muitos se recusam. Porém há muitas maneiras de aprender, e há os que aprendem fazendo, no dia a dia.*

Apesar de ter escutado isso há muitos anos, é ainda real este acontecimento, infelizmente. Seria bem mais proveitoso se todos fizessem o bem com conhecimento. E oportunidades de conhecer e de aprender, todos têm.

Fiz o curso com grande aproveitamento e quando terminou fui para perto de José Maria, onde me cabia ajudar e aprender.

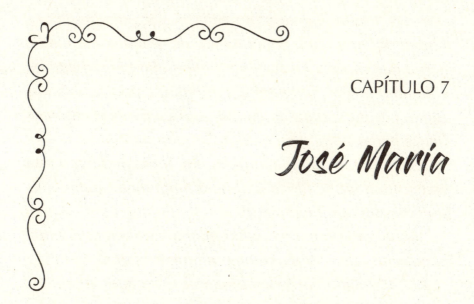

CAPÍTULO 7

José Maria

José Maria morava num colégio com outros padres. Era uma construção bonita, grande, rodeada de jardins; era um local rico. A escola instruía meninos de famílias de posse que recebiam aulas em regime de internato ou externato.

Meu filho trabalhava muito, o padre superior o sobrecarregava de trabalho, para evitar que se envolvesse em confusão. Ele era abolicionista, não o escondia, e o superior não queria desgostar ou ter problemas com os pais de alunos que eram, na maioria, escravocratas.

Meu filho lecionava no colégio para os meninos menores, onde não lhe cabia colocar suas ideias. Trabalhava na secretaria e arrumava tempo para ensinar crianças pobres.

Havia, não muito longe do colégio, uma senhora, dona Ambrozina, que, tendo uma casa grande e espaçosa, transformou-a numa escola. Os alunos, na maioria filhos de imigrantes e de empregados, ansiavam por aprender. Havia também os alunos que eram escravos libertos, e os senhores os deixavam frequentar as aulas.

Todo o tempo de que dispunha, José Maria dedicava a esta escola. Ensinava primeiramente dona Ambrozina e algumas jovens que queriam ser professoras.

Não tinha folga, aos domingos celebrava missa pela manhã para os pobres e à tarde ensinava o catecismo às pessoas carentes.

José Maria era franzino, magro, mas tinha boa saúde, o excesso de trabalho cansava seu corpo, mas não reclamava e fazia tudo com alegria. Quando indagado sobre seu trabalho, respondia sorrindo:

– Trabalho para Deus. Sinto Deus em tudo e em todos. O Pai trabalha, logo, também posso trabalhar. Sou grato ao trabalho, amo o que faço! É trabalhando, sendo útil, que aprendo sempre!

Compreendi o que meu filho queria dizer. Porque ao desejarmos ajudar, se não soubermos fazer, corremos o risco de causar mais mal do que bem, o sábio deve ser sabiamente útil. Estava atento para aproveitar todas as oportunidades de aprender.

E estando perto dele, aprendi, até me instruí, assistia às aulas e aproveitava para adquirir conhecimento.

Pelo colégio vagavam desencarnados, uns querendo ajudar, outros perturbar ou até se vingar, mas nenhum mal-intencionado se aproximava muito de José Maria. Meu filho vibrava o bem e não era sugestionável. Isso percebi logo. Um dia, achando também que ele trabalhava muito, falei-lhe. Eu falava e ele captava meu pensamento ou recebia minha intuição.

"José Maria, descanse um pouco!"

"Por que será que estou a pensar assim?" – perguntou-se. – "Será meu este pensamento? Não me sinto cansado! Se sentir que prejudico meu corpo, descansarei. Será que este pensamento me é sugerido por alguém? Bem, se for, você, por favor, que me sugere, não se preocupe, meu trabalho não me cansa. Amo o que faço! Seria bem triste não trabalhar enquanto posso. Certamente chegará o tempo que, já sem a força do meu corpo jovem, não poderei ter essas atividades. Aí me alegrarei, porque, enquanto pude, fiz."

Então, não lhe sugeri mais descanso. As férias do colégio aproximavam-se e ele certamente, pensei, descansaria. Mas que nada! No colégio ele teve muitas outras atividades, organizou a biblioteca, a tesouraria, e passou a dar mais aulas na escola de dona Ambrozina, lecionando à noite para os adultos.

O superior do colégio era uma pessoa boa, mas estava atento às atividades de José Maria. Ele já havia, desde que chegara ao colégio, arrumado algumas encrencas. Por isso o superior não o deixava atender nem celebrar missas de pessoas ricas, porque meu filho, sempre que tinha oportunidade, em seus sermões, falava da igualdade entre os homens. O maior atrito entre os dois foi porque José Maria queria que os escravos da congregação fossem libertos, porém só conseguiu que fossem mais bem tratados.

Ele recebia sempre cartas da família e as respondia com entusiasmo, para ele tudo sempre estava bem. Compreendi que era assim mesmo que ele se sentia, muito bem. José Maria tinha

Vera Lúcia Marinzeck de Carvalho ditado por Antônio Carlos | 81

a paz da consciência tranquila. Amava a todos e era querido, mas também invejado.

O que me preocupava era que ele fazia parte de um grupo abolicionista. E como ele era querido e respeitado, seus companheiros o ouviam, atendendo a suas ideias. Reuniam-se cada vez na casa de um deles em horários diferentes e sempre com cautela. Meu filho estava sempre a aconselhar:

– Nada de violência! Não é revidando ataques que se constrói. Certamente, ao estarmos fazendo algo de útil, há e haverá sempre os que nos contradizem. Nós e eles, todos somos livres para ter ideias e lutar por elas. Todos devem ser respeitados! E seremos respeitados mostrando nosso trabalho aos que pensam o contrário. Que nos importa os outros? Devemos fazer o que nos compete e bem-feito. Críticas? Não devemos criticar nem nos importar quando as recebemos, mesmo as destrutivas. O que é bom fica, e o que não é aproveitável passa sem deixar rastros.

O grupo foi crescendo, cada vez estavam mais entusiasmados. Temia por ele, mas me orgulhava por ser corajoso e destemido.

Ainda não o ajudava em nada. Estava sempre tentando conversar com os desencarnados que vagavam pelo colégio. E quando alguns desses irmãos perturbados se aproximavam de José Maria, ele redobrava a atenção, orava e enviava pensamentos de amor a eles, alguns se beneficiavam sentindo-se bem, outros afastavam-se logo. Meu filho era sensitivo, não era clarividente, mas sentia quando algum desencarnado se aproximava dele e distinguia suas intenções, boas ou más. Quando isso acontecia e entidades mal-intencionadas se acercavam dele, eu falava com elas da necessidade de mudar a forma de viver e de como poderiam se sentir melhor fazendo o bem.

Um dia, três desencarnados aproximaram-se de José Maria querendo perturbá-lo. Escutei-os conversando:

– *Vamos dar trabalho a este padreco* – decidiu um deles.

– *Que vamos lucrar tentando-o?* – indagou o outro.

– *Este é bonzinho demais* – debochou o que era chefe ou líder do grupo. – *Só dá bom exemplo! Onde passa conserta tudo! Eu queria que o João, aquele escravo, fosse maltratado. Não está sendo, e por quê? Pelas ideias deste padreco. Ele necessita de uma lição!*

Aproximou-se de José Maria, que estava orando ajoelhado no seu oratório. Disse alto, fixando seu olhar maldoso no meu filho:

– *Você está cansado! Muito cansado! Pare um pouco, vá curtir uns dias de férias!*

– *Por que está falando isso a ele?* – indagou um deles.

– *Ora, ele trabalha muito, está sempre ocupado e não tem tempo para ter dó de si mesmo, nem tempo para nos escutar. Veja, está tão concentrado nas suas orações que nem me ouviu. E ainda faz sua vibração ser completamente desagradável a nós. Estou querendo, para quebrar a rotina, algo difícil de fazer, senão nem ia me aproximar desse padreco.*

Resolvi interferir:

– *Por favor, vocês três!*

Então me viram, riram e o que era o chefe respondeu irônico:

– *Ora, aqui está um amigo do padreco. Que foi? Está achando ruim? Só vamos cansá-lo!*

– *Deixem-no em paz!* – ordenei. – *Ele não está mexendo com vocês.*

– *Como não está!* – o chefe ficou nervoso. – *Quando impede de nos vingarmos, está interferindo. Quando convence um dos nossos a fazer o bem, está nos afrontando.*

– *Ora* – respondi –*, ele está somente ajudando os negros. E se vocês fossem negros? E se reencarnarem como negros?*

– *Gostaria de ser então escravo dele* – afirmou um deles.

– *Cale-se, idiota!* – o chefe se irou. – *Que reencarnar o quê! Isso é para o futuro. Devemos pensar no agora.*

Começamos a discutir. Fui imprudente. Agi mais pela emoção que pela razão. De repente, José Maria levantou-se e disse:

– Trabalho é trabalho! Antes fazer alguma coisa, mesmo errada, mas que no momento se julga certo, que não fazer nada! Se trabalho, você, ou vocês que querem me fazer parar, vão ter que trabalhar muito, tanto quanto eu! Não paro para satisfazer a ninguém! Não estou cansado e, se estiver, descansarei para o bem do meu corpo, mas meu espírito não se cansa. Estou bem, porque sinto Deus comigo e sinto Deus em vocês, embora vocês não O sintam.

Ficamos quietos, boquiabertos, e um deles falou:

– *Eu não vou ficar com ele! Já sinto cansaço só de pensar em ficar com ele.*

– *Pois eu vou!*

Os outros dois se ajeitaram para acompanhá-lo, fui junto, atento a eles. José Maria foi para a escola de dona Ambrozina, as crianças vieram correndo encontrá-lo. Logo se pôs a ensiná-las. E, mentalmente, dirigiu-se a nós:

"Por favor, fiquem ali e não perturbem. Aprendam também!"

E deu sua aula.

O outro desencarnado, entusiasmado, comentou:

– *Legal!* – e dirigindo-se a mim: – *O que ele ensina é interessante. Sempre quis aprender a ler.*

– Vocês, meninos e meninas – ensinou José Maria –, serão os adultos de amanhã. O saber facilita a existência, porém não é um fim, e sim um meio. Tudo o que fazemos com conhecimento, fazemos melhor. O importante é viver sempre com Deus no nosso coração, fazer tudo como se O estivéssemos vendo. Viver de tal forma que se víssemos Jesus não iríamos nos envergonhar, e sim nos ajoelhar e render graças.

José Maria repartia bem seu tempo, saiu dali e foi visitar uns doentes, dando consolo e reanimando-os. Trabalhou como sempre e nós três permanecemos ao seu lado.

– *Que coisa!* – exclamou o chefe. – *Ele não para nem para me ouvir e, se ouve, sua resposta me deixa encabulado.*

– *Eu quero estudar!* – determinou o outro. – *Quero ler e escrever.*

– *Desencarnados não aprendem!* – o chefe começou a ficar indeciso.

– *Claro que aprendem! Sabe, conheço uma escola onde ensinam desencarnados. Se quiser, levo você lá* – ofereci ajuda.

– *É com os bons?* – indagou desconfiado.

– *É com os que aprendem a ser bons* – respondi.

– *Não quero!*

– *Vamos descansar* – decidiu o chefe –, *estou cansado...*

Saíram. Eles se cansaram porque viviam como se fossem encarnados, ou tentavam se sentir como se ainda tivessem o corpo carnal. E os que vivem assim sentem as sensações de encarnados.

Orei e chamei por Leonor, que logo veio.

– *O que está acontecendo, Lourenço?*

– *Tem dois desencarnados querendo perturbar José Maria. Eu não sei o que fazer.*

– *Sempre há entidades querendo nos perturbar. Isso também acontece com José Maria. O que eles fizeram?*

– *Nada!* – respondi. – *Não tiveram chance.*

– *Por que se preocupa? Em tudo de útil que se faz, há sempre alguém que é contra. É nas dificuldades que aprendemos a ficar alertas e a amar a todos. Querer bem os amigos é fácil, mas também temos que amar aqueles que são contra nós. Depois essas entidades aprenderão que as armas que usam nem sempre são eficientes e que os outros, os que elas pretendem perturbar, podem tê-las também. E que o bem sempre é mais forte!*

No outro dia vieram os dois e fiquei com eles. Por dias acompanharam José Maria nas suas atividades. O outro acabou aceitando meu convite para ir estudar. Aproximou-se do meu filho e pediu perdão.

– *Perdão, senhor padre! Peço-lhe que me perdoe!*

"Amo você como meu irmão!" – foi sua resposta em pensamento.

O que pediu perdão sorriu e eu elucidei-o:

– *O perdão não é necessário onde o amor realmente existe. Amar, no conceito dele, é nunca ter que pedir perdão, porque ele jamais faz mal a alguém. E nem tem o que perdoar, porque nada o ofende. Tudo compreende, tudo entende!*

– *Obrigado!* – agradeceu com sinceridade.

Levei-o à colônia para estudar. Entendi que aquele que ama consegue atingir a todos com sua vibração benéfica. O chefe perdeu o interesse e despediu-se de mim:

– *Vou embora, senão acabo por me prejudicar, acabarei carola igual a ele.*

Senti alívio, mas sempre havia entidades perturbadoras da paz querendo que José Maria parasse de fazer seu trabalho. Mas meu filho tinha fibra, nada, nem atos externos, nem conselhos desanimadores, nem exaltação à vaidade, nada o fazia esmorecer. Fixava sua mente no trabalho a realizar e o fazia. Foi uma das maiores lições que aprendi. Fixe sua mente, seu coração, na tarefa a realizar, faça-a para o Pai, faça-a feliz no dia a dia, trabalho a trabalho e realizará o que lhe compete. Se deixarmos de fazer, pararmos e não acabarmos a tarefa que nos dispusemos a realizar, ou se a adiarmos, ficará sempre por fazer. É parar no caminho. E nada de intolerância, aprendemos a ser tolerantes na constante atividade, no trabalho útil.

José Maria estava se tornando perigoso para as pessoas importantes naquela época, naquela cidade. Importantes, mas passageiras, pois títulos e bens materiais passam, o que importa é fazermos por merecer os tesouros espirituais que são nossos e nos acompanham por onde vamos.

Um dia, ao sair da aula na escola de dona Ambrozina, José Maria viu algumas pessoas reunidas e aproximou-se. Um senhor ia castigar um escravo. Tentou então impedir:

– Por favor, senhor – pediu –, não castigue seu escravo. Não sei o que ele fez, mas converse com ele, entre num acordo.

O negro estava cabisbaixo e com medo. O senhor, arrogante, respondeu rudemente:

– Não interfira, seu padre dos pobres! Não se meta! É corajoso o suficiente para receber o castigo no lugar dele?

– Sou sim, senhor! – respondeu José Maria. – Castigue-me!

Desabotoou sua batina e, deixando as costas nuas, disse:

— Amarre-me e chicoteie-me, senhor!

O senhor riu, ia começar a amarrá-lo no poste quando as pessoas, agora em grande número, começaram a gritar:

— Não bata no padre José Maria!

— Não castigue o negro!

Pegaram pedras, o senhor temeu e não sabia o que fazer, quando uma senhora rica interferiu:

— Parem com isso! Quanto quer pelo escravo?

O senhor falou a quantia e a senhora pagou.

— Pronto — disse a senhora —, agora o escravo é meu e faço dele o que quiser. Vou dá-lo ao senhor padre. É seu!

José Maria abotoou a batina, beijou as mãos da senhora e agradeceu:

— Obrigado! Muito obrigado!

E deu a carta de alforria ao negro. As pessoas bateram palmas, deram vivas.

Isso fez com que o grupo de abolicionistas aumentasse. Passaram a ajudar escravos a fugir, alforriaram os que compravam com dinheiro das doações.

José Maria pensava muito na Justiça Divina. Queria compreender, para não duvidar.

Ajudei-o a achar um livro, na biblioteca, sobre o cristianismo antigo. Antes dos ensinamentos de Jesus serem aceitos pelos romanos, acreditavam os apóstolos e os primeiros cristãos que os espíritos renasciam muitas vezes, em diversas circunstâncias, para aprender e progredir.

— *Meu filho* — tentei orientá-lo —, *vivemos muitas vezes em corpos físicos diferentes. O corpo carnal morre, vive-se desencarnado*

e depois volta-se a outro corpo em formação, numa oportuni-
dade para recomeçar, reparar faltas e continuar aprendendo.
Deus é justo e bondoso nos dando outras oportunidades.

Chorou emocionado com a compreensão que tivera.

No colégio, os padres ficaram sabendo das atividades dele, do episódio da rua que resultou na libertação do escravo. Como também senhores ricos e escravocratas reclamaram dele, exigindo que o superior tomasse uma providência. O padre superior o chamou para uma conversa.

— Padre José Maria, já o proibi de se envolver com os abolicionistas. Sobrecarreguei-o de trabalho e não adiantou. Vim a saber que continua no movimento. Ganhou um escravo e o alforriou. Não podia fazer isso, tudo o que ganha é da congregação. Vou transferi-lo! Será afastado agora. Terá três meses de férias e os passará no Rio de Janeiro com sua família. Depois irá para o interior de outra Província, onde construiremos um colégio.

— Para as crianças ricas...

— Para as crianças, padre José Maria, cujos pais podem pagar para nos sustentar.

— Fazemos votos de pobreza e vivemos como ricos e...

— Já sei suas ideias padre José Maria, já sei! Vá preparar suas coisas. Parte amanhã cedo para o Rio de Janeiro.

José Maria ia pedir para ficar mais tempo, mas o superior deu por encerrada a conversa.

Todos no colégio sabiam de suas ideias. Achava que todos os padres deveriam ser pobres e viver na simplicidade e ensinar todas as crianças e jovens igualmente, as ricas e as pobres. Deveriam viver a exemplo de Jesus e dos primeiros apóstolos. Ansiava por fazer sua congregação compreender e viver esses princípios. Entendi então que meu filho se fizera padre na tentativa de ajudar a Igreja e lembrar aos seus seguidores esses princípios. Não queria criticar, mas colaborar e achou que só pertencendo ao grupo católico conseguiria. Mas não era simples e fácil essa tarefa. Concluiu então que deveria fazer sua parte e exemplificar. Isto estava fazendo, e bem-feito.

Foi para sua cela e pôs-se a arrumar seus objetos. Tinha pouca coisa, só o indispensável. Sentia ter de deixar tantos amigos. Lutou contra o sentimento de tristeza, não se deixando envolver. Nossa vida, pensou, são etapas e deveria aceitar como finda sua permanência naquele colégio e naquela cidade. Outra tarefa lhe seria dada, outra etapa se iniciaria.

Escreveu uma carta aos companheiros alertando-os para que tivessem cuidado e despedindo-se. Depois passou rapidamente pela escola de dona Ambrozina e despediu-se. Foi uma perda, todos o amavam muito.

Mas José Maria estava esperançoso, iria com certeza fazer novos amigos. Depois ia rever seus familiares, estava saudoso.

Partiu feliz no outro dia.

CAPÍTULO 8

Com a família

José Maria partiu, a viagem foi desconfortável e longa. Demorou dias, iam parando pelo caminho. Meu filho sempre achava um modo de ajudar, conversava com todos os companheiros de viagem, animando-os e lembrando-os de Deus.

Sua chegada foi uma grande surpresa. Não era esperado e todos se alegraram muito. Marita recebeu-o chorando emocionada.

– José Maria! – exclamou. – Que bom vê-lo! Como está magro! Farei com que engorde! Conte-me tudo que aconteceu com você. Por que veio sem avisar?

– Deram-me três meses de férias. Foi surpresa! O meu superior me achou cansado. Não avisei porque achei que eu e a carta chegaríamos juntos.

Riu e fez rir. Não falou nada do que tinha acontecido, não queria preocupá-los.

Olhei a estalagem emocionado. Ela continuava linda e bem cuidada. Dolores estava já mocinha e qual foi minha surpresa ao saber que estava namorando Marquinho.

A família toda se reuniu para ver José Maria. Foi uma festa! Que bom rever meus familiares! Todos estavam relativamente bem, porque não é muito fácil viver encarnado e não ter problemas e dificuldades.

Falavam muito do namoro de Dolores e Marquinho. Marita amava seu afilhado e não foi contra o amor dos dois, mas estava preocupada, Dolores poderia ter filhos negros ou mulatos. Sabia que o preconceito era forte e temia que a filha sofresse por isso, mas não falou nada. Os enamorados resolveram que José Maria iria casá-los.

— Meu irmão – pediu Dolores –, vamos antecipar nosso casamento para que você possa celebrar a cerimônia.

A data então foi marcada, todos, contentes, passaram a ajudar nos preparativos.

Marita tudo fez para que José Maria se alimentasse melhor, e ele até engordou. Descansou, estava feliz com os familiares, que se desdobravam para agradá-lo.

Um dia, brincando com os sobrinhos, pensou:

"Se Leonor não tivesse morrido, teríamos casado e eu estaria rodeado de filhos e talvez até de netos. Minha vida teria sido muito diferente" – suspirou. – "Não quis casar com outra mulher, por isso resolvi ser padre e foi uma ótima escolha. Acho mesmo que vim a este mundo para ser um sacerdote, viver os ensinamentos de Jesus. Sou feliz assim, porque faço o que me propus."

Amâncio vinha sempre visitar Marita e pôde ficar conosco uns dias. Tudo estava bem, mas, ao ver minha filha Laurita, me preocupei. Leonor me esclareceu:

– *Lourenço, Laurita é uma sensitiva, uma pessoa que se comunica com os espíritos.*

Naquela época não usávamos os mesmos termos que usamos hoje sobre mediunidade, mas para melhor compreensão, já que conhecemos as designações, vamos usá-las.

– *Sempre a achamos estranha e esquisita* – respondi, recordando-a menina e jovem.

– *Esse intercâmbio entre desencarnados e encarnados sempre existiu. Muitas pessoas têm receio de dizer e muitos o escondem. É o caso de Laurita, incompreendida pelos familiares, teve medo de ser tachada de louca e escondeu o fato. Mas teve no noivo e esposo a compreensão e passou a trabalhar com seus dons.*

– *Muito bom!* – exclamei alegre. – *Vou conhecer como ela trabalha!*

– *É bom não se animar, poderá ter surpresas. Vou com você.*

Fomos à casa de Laurita. Minha filha morava com o esposo e cinco filhos num sítio bem perto da cidade. A casa era simples, porém confortável. Plantavam muitas ervas.

– *São plantas que usam para chás e remédios* – esclareceu Leonor.

– *Eles vendem essas ervas?* – indaguei.

– *Sim, vivem disso. O esposo de Laurita, descendente de índio, aprendeu com os familiares a usar plantas como medicamento. Eles plantam, fazem chás e remédios e os vendem.*

Entramos na casa, Laurita estava costurando uma roupa e ao seu lado estavam três desencarnados que não nos viram e nem perceberam nossa presença. Ao ver um deles, levei um tremendo susto. Era como se me visse no espelho.

— *Que é isso, Leonor?* — indaguei assustado. — *Por favor, me explique!*

— *É um desencarnado que se passa por você. Como Laurita é vidente, ele plasmou seu perispírito para ficar igual a você.*

— *Minha filha aceita isso?* — perguntei.

— *Ela acredita que ele é você. Laurita ajuda muitas pessoas, mas, por não saber o que é certo, age indevidamente.*

— *Não sabe porque não tem quem a ensine. Não haverá alguém para ensinar os encarnados?* — estava realmente preocupado.

— *Já está sendo preparado um grupo de espíritos de boa vontade que reencarnarão na França para um estudo sério e que deixarão escritos ensinamentos para a geração futura.*

— *Por que esse espírito se faz passar por mim?*

— *Logo que você desencarnou, Laurita o quis perto, desejou muito. Para que ela o recebesse, este desencarnado se fez passar por você.*

— *Que absurdo!*

Os quatro, Laurita e os três desencarnados, conversavam:

— Papai — disse ela —, o senhor está contente com a visita de José Maria? Não o achou muito magro?

— *Estou contente sim, filha. Também o achei magro, certamente não deve se alimentar direito no convento* — respondeu calmamente o que se fazia passar por mim.

— Se ele não estranhasse, iria levar umas ervas para ele.

— *José Maria* — falou o desencarnado — *não iria querer, é melhor que eles não saibam o que se passa com você, todos acham* estranhas estas atividades. Esqueça, filha, Marita irá alimentá-lo e José Maria ficará bem.

Cheguei perto dela e tentei lhe falar. Laurita percebeu minha presença, porém espantou-se e indagou:

– Quem é você? Que faz aqui? É do bem?

– *Sim, sou do bem* – respondi. – *Amo você! Alegro-me por me escutar. Sou seu pai!*

– Papai?! Não é mesmo! Por que me engana? Que faz aqui? Por que está tomando a aparência de meu pai?

Quando ela disse isso, as três entidades ficaram em alerta e olharam para todos os lados e uma para a outra.

– *Laurita, minha filha* – insisti –, *sou seu pai! Aqui estou para visitá-la juntamente com Leonor. Por que me repele?*

– Você não é meu pai! Não gosto que me engane. Papai! Papai Lourenço, ajude-me! Afaste este enganador daqui!

O desencarnado que se fazia passar por mim aproximou-se como que se colando a ela, que suspirou aliviada, sentindo-se protegida. Afastei-me preocupado e Leonor esclareceu:

– *Ela está acostumada com ele, gosta desse espírito.*

– Como ele consegue tornar seu perispírito igual ao meu? – quis saber.

– *Desencarnados que sabem fazem isso com certa facilidade, tomam a aparência que querem e infelizmente se passam por outros desencarnados.*

– *Pensei que isso acontecia apenas com desencarnados que quando vivos foram importantes ou conhecidos* – expressei preocupado.

Leonor me abraçou e esclareceu:

– *Para Laurita você é importante e conhecido. Os médiuns devem conhecer os desencarnados pelos fluidos, esses não são modificáveis. Os bons vibram o bem. Mas esse desencarnado não é mau, sabe que engana e que está agindo errado, porém por comodidade ou por não saber como agir certo continua enganando. Há casos que são mais prejudiciais. Ele quer bem a Laurita e não quer que nada de mau lhe aconteça, mas há os que são inconsequentes ou maldosos, enganam para se vingar, prejudicar ou fazer os encarnados de tolos e levá-los ao ridículo. Os encarnados que não querem ser enganados devem estar alertas, vibrar no bem e agir corretamente, e não querer que determinado espírito, seja ele quem for, seja seu companheiro, guia ou protetor. Os médiuns devem fazer sua parte e deixar que os trabalhadores do bem se encarreguem de determinar um desencarnado para seu companheiro. Devem entender que não precisa ser alguém importante ou conhecido, se isso tiver que ser, deve acontecer naturalmente. Mas nós, espíritos estudiosos e que almejamos progredir, não julgamos ninguém mais importante que outros. Todos os que trabalham para o bem têm sua utilidade. Espíritos conhecidos dos encarnados normalmente estão incumbidos de muitas atividades e nem sempre podem ser companheiros de trabalho de um encarnado. Laurita queria você para ajudá-la, e ele, para agradá-la, se faz passar por você.*

– *Minha filha não me aceitou!* – exclamei triste.

– *Como já disse, acostumou-se com ele.*

Bateram na porta e Laurita foi atender. Era uma senhora que veio pedir ajuda. Minha filha concentrou-se e o desencarnado que se fazia passar por mim aproximou-se dela e aconteceu o intercâmbio ou a incorporação. O desencarnado falou:

— *A senhora veio de novo pedir ajuda para o marido que bebe e está sem dinheiro.*

Laurita repetiu:

— Dona Margarida, a senhora veio aqui pedir para que seu esposo não se embebede mais. Estão ficando sem dinheiro, não é?

Leonor explicou:

— *O médium transmite o pensamento ou os dizeres do desencarnado, porém com a sua linguagem própria.*

Conversaram com a senhora, animaram-na e Laurita deu-lhe um remédio para ser colocado na alimentação do esposo, só que escondido dele, para que não se embebedasse mais. Terminou dizendo:

— Sei que está sem dinheiro, a senhora me paga quando puder.

Leonor e eu fomos embora, mas passei a ir à casa da Laurita todos os dias. Vi com tristeza que eles faziam remédios abortivos. Tornei-me visível aos três desencarnados. O que se fazia passar por mim assustou-se. Falei com eles tentando ser gentil, com o objetivo de me tornar amigo.

— *Sou o verdadeiro Lourenço. Quem são vocês?*

— *Este é Pedro e este é Nico, e eu sou Lourenço, o pai de Laurita* — respondeu ele, inquieto.

— *Não, não é!* — afirmei tranquilamente.

— *Para ela sou e pronto!*

— *Por que fez isso?* — indaguei-o.

— *Por que não veio quando ela o chamou? Necessitou de você. Por que não veio ver sua filha antes?* — indagou-me olhando seriamente.

– Não podia! Não estava bem, estava perturbado quando desencarnei e tive que ser socorrido. Depois fui estudar e em seguida fui fazer um outro trabalho.

– Ela queria você. De início não me aceitou, e, para que me aceitasse, me fiz passar por você. Só quis e quero ajudar. Para mim pouco importa como me chamam. Ela me dá atenção e é isso que interessa. Mas tenho nome, me chamo João.

– João – adverti-o calmamente –, *você engana e isso não é certo.*

– Não se preocupe, gosto dela como filha e a estou ajudando.

– Sei disso, mas não é certo se fazer passar por mim.

Foram muitas conversas, fiz de tudo para ser amigo deles, os três demoraram para me aceitar e fiquei contente quando passaram a me receber bem. Então passei a falar sobre o aborto:

– Se vocês se preparassem e contentes tentassem reencarnar para continuar sua aprendizagem, e seus futuros pais viessem a este lugar e recebessem a erva abortiva e os expulsassem do corpo que lhes fora destinado no ventre materno, achariam bom?

– Não! – responderam os três a um só tempo.

– Não façam aos outros o que não querem para vocês.

Os três então passaram a me ajudar a convencer Laurita e o esposo a não mais vender as ervas abortivas, que eram as mais procuradas.

Mesmo depois de José Maria ter ido embora, pedi autorização para visitar mais meus familiares e resolver essa questão junto a Laurita. Foi-me permitido.

Fiquei alegríssimo quando meu genro não plantou mais as ervas abortivas e queimou as que já havia colhido. Resolveram não fazer mais nada que provocasse o aborto, além disso, João passava àqueles que o consultavam sobre o assunto ensinamentos a favor da vida, do amor.

João aceitou estudar e foi para a colônia fazer o curso, o mesmo que fiz, para depois voltar como ele mesmo e continuar sendo mentor espiritual de Laurita. Despediram-se emocionados.

– *Laurita, devo partir* – informou ele. – *Daqui a uns meses virá um outro amigo, o João, para continuar o trabalho que faço. Ficarão com você Pedro e Nico.*

– Papai, é necessário mesmo o senhor ir embora? – ela começou a chorar.

– *É, minha filha, devo ir. Não me prenda, por favor. Tenho necessidade de aprender muitas coisas.*

– Lembre-se de que o senhor prometeu me visitar.

– *Não se esqueça de que estarei diferente. Adeus!*

– Não me esquecerei. Adeus!

Laurita chorou e sentiu muito a falta dele. João estudou com vontade, fez o curso, aprendeu muitas coisas e voltou com novas ideias. Fizeram os dois um bonito trabalho. Agora era João, o pai João. Os outros dois foram um de cada vez para a colônia, gostaram de aprender. E um deles, agradecido, me disse algo de que nunca me esqueci:

– *Devemos caminhar sempre, crescer, progredir e auxiliar, sermos servos úteis, em vez de permanecermos sempre precisando de auxílio.*

Passei a visitar sempre Laurita, ela me via e conversávamos por momentos.

Minha filha alegrou-se muito com a volta daquele espírito e o aceitou imediatamente como João. Ele voltou com a aparência que havia tido na última encarnação. Eram amigos, companheiros e amavam-se muito. Ela não ficou sabendo que fora enganada. Atualmente ainda ocorrem fatos semelhantes, mas sempre há como saber, porque hoje temos os livros de Allan Kardec para nos orientar.

Mas voltemos à visita de três meses de José Maria aos nossos familiares. Em todo lugar que ele estava encontrava ocasião para ajudar. Era amado e amava. Seus conselhos úteis, ponderados e prudentes ajudavam muito os familiares.

Chegou o dia do casamento de Dolores e Marquinho. A família se reuniu na estalagem. Filhos, netos e bisnetos conversavam alegres e felizes. Eu estava emocionado. Bidu começou a falar de mim.

— Será que o senhor Lourenço iria gostar de ver meu Marquinho casado com a caçulinha Dolores?

— Ora, Bidu, certamente que papai aprovaria — opinou Joaquim.

— É que eles poderão ter filhos negros ou mulatos e senhor Lourenço e dona Marita terão netos negros.

— Serão netos — concluiu José Maria. — Papai não era racista.

— Isso não era mesmo — concordou Bidu. — Que saudade tenho do senhor Lourenço!

Falaram do passado, dos acontecimentos divertidos e alegres. Chorei, as lembranças eram fortes e compreendi que estava ainda muito ligado a eles.

O casamento foi muito bonito. O casal ia morar na estalagem com Marita, isso me deixou tranquilo, ela não ia ficar sozinha.

Três meses passaram rapidamente e José Maria e eu partimos de volta ao convento.

CAPÍTULO 9

Construção do novo colégio

José Maria foi para a cidade de São Paulo, lá ficou no convento dois meses e depois foi com outros quatro padres para o interior do país, uma vila onde ao que tudo indicava seria logo uma bela cidade.

A viagem foi difícil, desconfortável e longa. José Maria tornou-se amigo de todos, mas principalmente de um jovem sacerdote, Lenizo. O superior deles era um padre alemão, gordo, que gostava muito de se alimentar bem e beber vinho. Era ambicioso e queria que seu colégio fosse o melhor e mais bonito do Brasil. A planta que levavam era de uma construção grande e muito moderna para a época.

Tinham dinheiro para construí-lo, mas o superior contava com a ajuda dos fiéis, dos ricos fazendeiros da região.

José Maria gostou do lugar, mas se entristeceu. Ali a escravidão era muito pior. No Rio de Janeiro e em São Paulo, os escravos eram melhor tratados. No interior, nas fazendas eram realmente propriedade dos senhores que dispunham deles como queriam. Havia senhores bons e humanos, mas havia também muitos senhores maus e os negros sofriam horrores.

Foi-lhes emprestada uma casa para se acomodarem até o colégio ficar pronto. A casa era simples e isso aborreceu o padre superior.

— Merecíamos casa melhor! — exclamou descontente.

— É uma das melhores da vila — informou Lenizo. — Vamos nos acomodar da melhor forma possível.

E assim fizeram. Instalaram-se na casa, que não era longe do local da construção e imediatamente as obras começaram num terreno doado. José Maria e Lenizo dividiram o mesmo quarto e já começaram a trabalhar. O superior adquiriu escravos e alguns outros foram emprestados para os trabalhos. Foi feito um galpão ao lado e outro nos fundos. O do lado era sala de aula e o dos fundos, as acomodações dos escravos.

Perceberam que os escravos eram tratados rudemente e que trabalhavam muito, isso deixou José Maria e Lenizo, que tinham as mesmas ideias, desgostosos. Passaram a conversar muito, trocando ideias.

— Padre José Maria — desabafou um dia Lenizo —, não consigo pensar que Deus, sendo justo como é, permite que haja escravos. Será mesmo que os negros não têm alma? Sinto que têm e que são humanos como nós. Evito até de pensar nisso, porque temo ficar ateu, como muitos que se dizem religiosos ou como alguns cientistas estudiosos. Percebo que muitas pessoas inteligentes que dizem não acreditar no que a nossa Igreja ensina e que são tachados de hereges e ateus na verdade não o são, pensam diferente somente. Já conversei com um desses e ele negou, disse-me que acredita em Deus, mas O concebe diferente. Acredita num Pai, justo e bom, que nos ama igualmente.

— Também penso assim — concordou José Maria. — Acho que cada um sente o Criador de um modo. Há muitas maneiras de crer no Pai e tenho pensado que todas estão certas. Não há injustiça, há aprendizado. Penso Lenizo, que vivemos muitas vezes num corpo de carne, que é esta veste, a carne que morre, mas o espírito, a alma, continua seu aprendizado, voltando muitas vezes à esfera física.

— Tem ideias orientais? Acha então que os escravos estão resgatando seus erros, seus pecados? — indagou Lenizo interessado.

— Não é mais justo do que acreditar no inferno?

— Isso é! Mas não devemos crer nisso.

— Lenizo — disse José Maria calmamente —, como me explica o que vemos por aqui? Por que há tantas diferenças? É preferível pensar nessa possibilidade do que se tornar ateu.

— Se estão resgatando seus erros não devemos interferir — Lenizo estava indeciso.

— Não devemos nos omitir de nossas responsabilidades. Se aqui estamos é porque devemos fazer algo por nós, por eles e pelos que no momento são os seus senhores. Somos todos irmãos e temos também nossos erros a serem acertados. Ajudar a todos os que erram e aos que sofrem é tarefa dos que querem ser úteis e dos que se têm por filhos do mesmo Pai. Somos todos irmãos! Penso também, Lenizo, que não só reparamos faltas aqui na Terra, mas também aprendemos. Um espírito num corpo de negro, sendo escravo, terá muitas oportunidades de aprender a ser humilde, trabalhador e dar valor à liberdade. Como o do seu senhor de ser generoso e humano.

— E os que não aprendem? – perguntou Lenizo.

— Repetem as lições! – afirmou José Maria. – O senhor poderá vir escravo e sofrer o que fez os outros sofrerem no aprendizado doloroso.

— Que bom tê-lo por companheiro, José Maria. Não quero ser ateu e vou pensar com carinho no que me disse. E que esse assunto fique só entre nós dois.

José Maria sorriu. Era melhor mesmo. O padre superior, conhecendo suas atividades anteriores, já o escalou como o padre dos pobres e já o tinha avisado que não toleraria indisciplina.

Ter sido escalado para atender os pobres deixou meu filho muito contente, passou a dedicar-se a eles com muito carinho.

José Maria e Lenizo, à noite, começaram a ensinar os pobres. No começo havia poucos alunos, mas foram aumentando.

Meu filho conversava com muitas pessoas e parecia que por ali não havia abolicionistas ou se havia temiam e não se declaravam. As pessoas mais esclarecidas e de posses não queriam ficar sem mão de obra barata e os monarquistas eram contra a libertação dos escravos, porque achavam que se a abolição acontecesse os republicanos chegariam ao poder. E, entre os padres, a maioria pregava que os negros não tinham alma e que não era errado tê-los como escravos, e isso amortecia muitas consciências.

104 | Aqueles que amam

Com certeza José Maria iria logo arrumar novos companheiros abolicionistas, e isso me preocupava, não queria que nada de mau lhe acontecesse.

Meu filho estava inquieto, seu superior não usava de bondade para com os negros que construíam o colégio. Era autoritário, enérgico e usava o castigo para os que não o obedeciam. Era temido e, como todos os que usam da violência para serem obedecidos sempre são odiados, também o era.

Um dia, os escravos que trabalhavam na obra se rebelaram e bateram em um capataz. Isso aconteceu à tardinha e foram falar ao superior quando já era noite. Este mandou que os escravos fossem trancados no galpão, e o caso seria resolvido no dia seguinte.

"Meu Deus! O que faço para evitar o castigo que será dado aos escravos?" – pensou José Maria aflito.

O padre superior tinha no seu quarto um armarinho cheio de remédios e venenos. Eu havia, sem querer bisbilhotar, olhado tudo e por isso sabia de sua existência. Tive uma ideia e a dei para meu filho, que a captou e a colocou em prática.

O superior estava jantando, José Maria, às escondidas, entrou no quarto dele, abriu o armário e viu os frascos, os rótulos eram todos em alemão. Meu filho entendia um pouco da língua germânica, apontei-lhe o certo.

– *Este, meu filho.*

Ele pegou o frasco, leu e deduziu que seria o sonífero. Derramou umas gotas no copo e voltou imediatamente à sala de refeições. Colocou o copo sem que ninguém percebesse na mesa e exclamou:

– Uma mosca no seu copo! Troco-o para o senhor!

Rapidamente despejou vinho no copo que trouxera e levou o outro para a cozinha. O padre superior exclamou:

– Malditas moscas!

Bebeu e comeu como sempre e foi dormir. José Maria ficou ansioso, não conseguiu adormecer, levantou-se cedinho. Como o padre superior não acordou, foi para a construção no lugar dele. Reuniu todos no pátio.

– Aqui estou para resolver a questão do acontecido ontem à tarde. O padre superior está indisposto e não pôde vir.

Os oito capatazes e os escravos estavam atentos, o empregado que fora surrado estava satisfeito esperando o grande castigo prometido e os negros estavam temerosos.

– Vamos esquecer o ocorrido – ordenou José Maria com firmeza. – Este colégio será um lugar onde muitos aprenderão e não deve ser construído com dores e aflições. O senhor Souza será despedido. São muitas as queixas contra ele, não trabalhará mais conosco. O senhor Manoel ficará responsável pela obra.

José Maria fez uma pausa. Todos se alegraram. O capataz despedido era mau e o senhor Manoel era bondoso e ponderado. Os escravos o olharam esperançosos, inspiravam piedade. Meu filho não temeu as consequências do seu ato e continuou a falar:

– Não haverá mais castigos, o tronco será queimado. A jornada de trabalho diminuirá. Começará às seis da manhã e terminará às seis da tarde, e terão uma hora de almoço. Aos domingos terão folga e poderão visitar suas famílias. A alimentação será melhorada e poderão comer mais. Hoje e amanhã vocês irão melhorar o galpão de vocês.

Os negros deram vivas, ficaram alegres e meu filho finalizou:

– Espero não ter problemas com vocês. Não quero abuso. Se

alguém abusar, será devolvido. E se tiverem problemas, sejam quais forem, aqui virei uma vez por dia para atendê-los. Agora, ao trabalho!

Um escravo, um negro forte e jovem, aproximou-se timidamente dele.

– Pode falar! Que quer? – perguntou meu filho.

– Seu padre, tenho uma companheira lá na fazenda e um filhinho de oito meses. Ele estava muito doente quando vim para cá. Há tempo que não os vejo, não sei deles e...

– Pode ir vê-los! Tem três dias para visitá-los.

O negro continuou de pé e meu filho disse:

– Que espera? Pode ir!

– Senhor, se chego lá vou para o tronco. Batem primeiro para depois verificar. Pensarão que fugi.

– Seu senhor sabe ler?

– Sabe, estudou na cidade grande – respondeu o escravo.

– Pois então escreverei a ele. Espere aqui!

José Maria escreveu rápido uma carta dizendo ter dado permissão para o escravo se ausentar e entregou ao negro.

– Deus lhe pague, senhor padre!

O escravo saiu correndo feliz. José Maria também ficou muito feliz. Quando fazemos alguém feliz, ficam em nós fluidos de bem-estar. Meu filho voltou para casa, o padre superior dormiu o dia todo, acordou de tarde indisposto e não quis fazer nada.

– Padre superior – informou José Maria –, cuidei de todos os problemas para o senhor.

– É bom mesmo. Estou cansado, tenho trabalhado muito.

Passou dias acamado com crise hepática e quando melhorou foi ver a obra e soube do acontecido, mas não se zangou. O trabalho estava adiantado e bem-feito.

— As pessoas felizes trabalham melhor — comentou José Maria.

— É — concordou ele —, acho que vou deixar você conduzir o trabalho desses negros. Você os entende.

Alegramo-nos, eu, José Maria e os escravos, que passaram a ser tratados com benevolência. A obra foi sendo construída por alas.

José Maria recebia cartas dos familiares, mas elas demoravam muito, ele ficava alegre com as notícias e se preocupava com todos.

Eu ia sempre vê-los. Enquanto aconteceram os fatos narrados com José Maria, na minha ex-casa, com os outros familiares, se passaram muitos acontecimentos.

Marquinho adoeceu. Estava com pneumonia, piorou e veio a desencarnar. Dolores sofreu muito, com dezenove anos, viúva e com dois filhos mulatos.

Marquinho revoltou-se ao saber que seu corpo carnal havia morrido, não queria ter desencarnado e não aceitou o fato. Queixava-se de que era jovem e com dois filhos pequenos necessitando dele. Amâncio, Leonor e eu tudo fizemos no plano espiritual para ajudá-lo. Até o levei à Laurita, que conversou com ele, mas também não adiantou. Ficou na estalagem, tentando participar da vida familiar. Sofria de dores no peito e fraqueza, e não queria ajuda nem socorro. Começou a atrapalhar a vida dos que amava. Dolores por sua influência passou a ser triste e desanimada e às vezes se revoltava. Bidu ficou inquieto e um dos meus netos, filho dele, adoeceu.

– *Marquinho* – aconselhei-o –, *aceite a mudança que houve na sua vida. Seu corpo morreu, venha aprender a viver de outra forma. Está prejudicando os que você ama.*

– *Não quero mudar! Não queria morrer! Vou ficar aqui. Não prejudico ninguém. Eu os amo!*

Pedro, o espírito que trabalhava com Laurita, pegou-o e levou-o para um posto de socorro em que ficou recolhido por alguns meses. Todos melhoraram sem os fluidos de angústia dele. No posto de socorro, embora Marquinho tenha sido tratado com carinho, não melhorou, não queria aceitar o fato de ter seu corpo físico morto e não podia ficar lá por mais tempo não querendo. Todos temos o nosso livre-arbítrio, que é respeitado sempre. Então ele voltou. Mas não foi mais aceito em casa. Os familiares não estavam dispostos a sentir seus fluidos negativos. Marquinho sentiu-se rejeitado e muito infeliz. Novamente tentei convencê-lo.

– *Marquinho, venha comigo! É tão triste vê-lo assim. Amamos você e queremos que esteja bem.*

– *Ninguém me ama, não me querem por perto.*

– *A vida continua. Não é somente você a sofrer com a situação. Dolores tão novinha tem responsabilidade de criar os dois filhos. Ela não pode parar e ficar só chorando por você. Seus filhos são pequenos e merecem ser felizes, e na idade deles é natural não se lembrarem de você. Marita e Bidu já estão velhos, sofrem muito sua falta e, se teimar em ficar aqui, acabarão doentes. Sua revolta não mudará nada, sofre e está fazendo sofrer.*

– *Que tristeza!* – e chorou desesperado.

Mas acabou por entender e pudemos, Amâncio e eu, levá-lo para o posto de socorro, onde ficou internado um bom tempo, primeiro se recuperando e depois aprendendo.

Fazia dois anos que Marquinho havia desencarnado e dois meses que havia sido levado para a colônia.

Abelino, meu filho que servia o exército, tendo licença, foi para casa e levou com ele um amigo. Marita alegrou-se e recebeu bem o amigo do nosso filho, que era um jovem louro, muito bonito, natural de um estado do sul. Ele enamorou-se de Dolores, que também correspondeu ao seu amor. Resolveram se casar. Marita entristeceu-se porque eles iam morar no sul do país e ela ficaria longe da filha e dos netos.

– Dolores – pediu Marita –, deixe os meninos comigo.

– Mamãe, não posso me separar dos meus filhos. Meu noivo os aceita, prometeu amá-los como filhos dele.

– Eles são mulatos! Temo que sejam desprezados. Você terá outros filhos que serão brancos e louros.

– Defenderei meus filhos! Não posso deixá-los, a senhora está velha, já trabalhou demais e criou muitos filhos. Seremos felizes, amo meu noivo e ele é muito bom.

Casaram e se mudaram. Joaquim deixou a estalagem com um de seus filhos e veio com a esposa morar com Marita. Ele e Bidu passaram a cuidar de tudo. Minha esposa ficou muito triste com mais essa separação. Ao visitá-la a encontrei reclamando:

– Já perdi tantos entes queridos. Eva, minha prima Dolores, Amâncio, Leonor, Lourenço, Marquinho e agora minha filha Dolores e os dois netos partem para longe. Sinto que não os verei mais.

– *Marita* – consolei-a –, *você não perdeu, porque aqui continuamos a amá-la. Quando você desencarnar poderá rever Dolores e os meninos*.

Ela sentiu meus fluidos de carinho, conformou-se e tentou se sentir da melhor forma possível.

Dolores seguiu com o esposo para o sul. Tiveram problemas, mas superaram. Amavam-se e foram felizes. Tiveram mais filhos e Marquinho reencarnou em um deles. Meu afilhado voltou para um novo recomeço perto daqueles que amava.

Passaram uns meses, Leonor foi me visitar e me pôs a par dos novos acontecimentos.

– *Lourenço, Marita desencarnou, papai e eu a levamos para a colônia.*

– *Por que não me chamou?* – indaguei sentido.

– *Não vimos necessidade de chamá-lo. Mamãe teve uma morte física repentina. Aceitou a desencarnação, está bem e o espera para uma visita.*

Depois de três dias fui visitá-la, estava ansioso para abraçá-la e dar as boas-vindas. Encontrei-a com Amâncio. Os dois conversavam contentes, sentados num banco no jardim. Olhei-os comovido. Eles se amavam. Poderiam, para os encarnados, parecer um estranho casal. Amâncio, de aparência jovem e forte, Marita, com aparência de idosa, mas para os desencarnados isso é normal. Para o amor verdadeiro a aparência não tem importância. A ligação pelo amor espiritual é a verdadeira, o sentimento real está além do externo, é querer bem pelo que o outro é. O afeto espiritual é durável para todo o sempre. Aproximei-me.

– *Marita, seja bem-vinda!*

Marita sorriu timidamente. Estava diante de seus dois esposos. Não a deixei encabular-se. Coloquei minhas mãos no ombro de cada um deles aproximando-os mais e disse emocionado:

– *Meus amigos!*

Olhamo-nos com ternura. Como é bom ter amigos! É possuir um grande e valioso tesouro. É ter alguém para contar nas horas incertas e nunca se sentir sozinho. E como é bom participar com eles dos momentos felizes. Foi para mim muita felicidade abraçar meus amigos e saber que estavam melhores do que eu. A amizade é a luz da existência. Amâncio falou:

– *Lourenço, devo-lhe muito. Nunca esquecerei que você criou meus filhos! E nem o que Marita, mulher corajosa, fez por mim.*

– *Também sou grata* – Marita se emocionou. – *Você, Amâncio, foi um marido maravilhoso, e você, Lourenço, muito me ajudou.*

– *Eu também quero lhes agradecer* – me comovi. – *Marita me ajudou a criar meus filhos, cuidou de mim com muito carinho quando estive doente, e você, Amâncio, me socorreu e...*

– *Chega!* – exclamou Leonor sorrindo. – *A lista de agradecimentos de cada um me parece enorme. Um fez muito pelo outro! Alegremo-nos! Vocês só lembram dos benefícios que receberam e me parecem esquecidos dos que fizeram. Isso é maravilhoso! Amo vocês!*

Abraçamo-nos felizes.

Sempre nos encontramos e nossa amizade se solidificou cada vez mais. Amâncio ficou com Marita e eu continuei ao lado de José Maria.

CAPÍTULO 10

A casa assombrada

José Maria começou a sondar as pessoas em confissões e em conversas, e logo encontrou alguns companheiros; passaram a se reunir às escondidas. No começo era ele e mais dois, Firmindo, o dono de uma taberna, e Josias, jovem filho de um rico fazendeiro, que estudara no Rio de Janeiro e achava injusta e cruel a escravatura. Josias era corajoso, mas não gostava de trabalhar e se envolvia muito com mulheres. O grupo cresceu aos poucos. Todos temiam, ali a lei era a dos senhores ricos e eles eram contrários à abolição e defendiam suas ideias com violência.

Com uma parte do colégio pronta, mudaram-se para lá e vieram mais dois padres para lecionar. Foi dado a cada um deles um quarto. O de José Maria era pequeno, mas ele logo o tornou agradável. Com muitos afazeres ele e Lenizo passaram a conversar menos e o jovem padre não ficou sabendo do envolvimento do meu filho com o grupo abolicionista.

O padre superior estava sempre atento a todos, mas principalmente ao meu filho, pois este não perdia uma oportunidade de falar sobre suas ideias quanto à igualdade dos seres humanos.

Na festividade da Semana Santa, José Maria, no final de uma das procissões, fez um sermão que desgostou os senhores ricos e também o padre superior, que o castigou. Deixou-o sem comer por três dias. José Maria obedeceu, mas seu organismo fraco e magro sentiu a falta de alimentos. Ele não se queixou, aproveitou para orar e meditar no seu quarto, mas também foi proibido de ir a outras festividades e não falaria mais em público.

— Que castigo injusto! — lamentou Lenizo ao visitá-lo, compadecido de ver o amigo preso em seu quarto. Mas José Maria o consolou:

— Se muitos negros passaram por isso e às vezes até foram amarrados no tronco, também posso passar.

Era costume ali os senhores levarem seus escravos para serem castigados num tronco, chamado pelourinho, erguido na praça em frente à igreja. E muitos dos castigados ficavam lá presos durante a noite ou o dia todo. Não era difícil soltá-los, mas havia um grande problema, onde escondê-los? Que fazer com eles após serem soltos? Se os tirassem do tronco, eles seriam novamente capturados e duplamente castigados. A situação deles ficaria pior. Era preciso urgentemente arrumar um lugar para escondê-los. José Maria achou a solução.

114 | Aqueles que amam

Havia, numa fazenda, uma casa ao lado de uma gruta que fora abandonada por ter fama de ser mal-assombrada. O fazendeiro, dono daquelas terras, veio conversar com o padre superior, que chamou José Maria para resolver a questão.

— Padre José — disse o superior —, o senhor Silva veio em busca de auxílio, ele mesmo lhe falará sobre o assunto.

— Nas minhas terras há uma casa, onde meu pai morou, que assombra a todos. Queria pôr para morar lá um empregado para que vigiasse aquele pedaço da propriedade, mas ninguém para na casa ou fica mais que uma noite. Eu mesmo já vi e ouvi coisas estranhas. Faz barulho na casa, veem-se vultos e são jogados nas pessoas objetos que não se sabe de onde vêm. O padre superior disse que o senhor poderá ir lá e rezar para que isso não aconteça mais.

E no outro dia, logo cedo, fomos, José Maria e eu, para a casa assombrada. O lugar era bonito, não longe da cidade, com água perto da casa e um grande pomar. A casa não era grande, mas de boa construção. José Maria, ao entrar, arrepiou-se todo. E eu os vi! Lá havia muitos negros desencarnados, ex-escravos que estavam a vagar. Meu filho sentou-se para descansar, viera a pé e estava cansado, e eu conversei com os negros:

— *Bom dia! Como estão passando? Permitem que descansemos um pouco?*

— *Quem é este padre? Ele é bom ou mau?*

— *Bom!* — afirmei. — *José Maria é um padre que ama muito.*

— *José Maria?* — indagou um deles. — *O padre bonzinho que está lutando para libertar os negros? É um prazer tê-lo aqui!*

A hostilidade acabou e José Maria sentiu-se bem e pôs-se a orar. Os ex-escravos, em espírito, fizeram fila e foram pedir a sua bênção. Chegavam perto dele, ajoelhavam e, como meu filho estava orando, emanações agradáveis iam até eles. Aproveitei para falar aos moradores desencarnados do local:

— *Por que estão aqui?*

— *Esperamos a volta do coronel, do nosso ex-senhor.*

— *Para quê?*

— *Para fazê-lo sofrer como sofremos* — respondeu um deles, e todos concordaram.

— *Querem se vingar?* — disse com delicadeza, temendo ofendê-los. — *A vingança não é boa companhia. Ninguém é feliz vingando-se. Veja o padre José, ele é feliz, e como é agradável ser bom. Perdoem e deixem que eu os ajude.*

— *Agradecemos sua intenção de ajudar-nos, mas não aceitamos. Já decidimos, ficaremos aqui, fizemos um pacto de honra e vamos continuar assombrando os brancos que se aproximarem dessa casa.*

— *Mas a vida continua* — tentei orientá-los —, *e estão parados à margem dos acontecimentos. Preocupados com o ex-senhor esquecem de vocês mesmos, de fazer algo para melhorar suas vidas.*

Olharam-me desconfiados, mas continuei:

— *Existe a reencarnação, vocês não foram escravos por acaso e poderão nascer novamente escravos se negarem-se a aprender a lição. Somos donos dos nossos atos, esqueçam o ex-senhor, ele deverá colher de sua própria plantação. Convido-os a conhecer uma outra forma de viver.*

Nada consegui. José Maria ia embora, não vira nada de assombrado. Tive uma ideia e falei aos moradores da casa:

– *Vocês permitirão que escravos foragidos se escondam aqui?*

– *Claro!* – responderam. – *Ajudaremos nossos irmãos de raça.*

Então dei a ideia a meu filho:

"Filho, aqui há escravos, negros que desencarnaram e que ainda se sentem escravos e que não querem brancos por aqui. Se continuar a fama da casa assombrada, os negros foragidos poderão se esconder aqui até poderem ir para longe."

José Maria saiu dali feliz. Foi conversar com o fazendeiro. Constrangido, disse ao senhor Silva:

– É melhor deixar a casa vazia. Lá estão demônios terríveis que não querem sair. Se expulsá-los poderão ficar por toda a fazenda.

– Deus me livre! Se é assim, deixe-os lá, só na casa. Ficará abandonada!

Querendo ajudar esses escravos desencarnados, pedi e obtive permissão para tentar auxiliá-los. Fiquei muito contente com essa tarefa. Continuei indo lá, tornamo-nos amigos e passamos a conversar muito. Também levei amigos da colônia para falar com eles. Soube do ex-senhor deles, havia reencarnado, mas não lhes contei para que não passassem a obsediá-lo.

Aos poucos fui conseguindo elucidá-los e foram querendo ajuda. Levei-os para o posto de socorro da região.

Numa das reuniões do grupo, meu filho falou aos companheiros:

– Temos um lugar seguro tanto para nos reunir como para esconder os escravos que libertarmos. A casa assombrada! Fui lá e não há nada, comentei que havia demônios para que todos temam e ninguém vá até lá.

– Penso – opinou um deles – que não devemos ter reuniões lá, somos onze e se formos muito na casa poderão desconfiar, devemos deixá-la somente para esconderijo.

– Amanhã vou lá – decidiu Josias –, deixarei roupas e alguns alimentos na casa para que o fugitivo tenha o que vestir e o que comer. Creio que é um ótimo esconderijo. Agora, ao soltar algum escravo, poderemos mandá-lo para lá e quando desistirem de capturá-lo poderei ir até a casa e dar a ele dinheiro para continuar a fuga e ensiná-lo como se vai ao quilombo mais próximo.

Todos gostaram da ideia. Após conversarem sobre outros assuntos, despediram-se. O grupo se reunia cada vez em um lugar a cada três meses. Preferiam que fosse ao redor da cidade, em grutas, na floresta ou em cabanas abandonadas. Josias era o único que dispunha de dinheiro. Ele dera ao meu filho roupas comuns para que vestisse quando saísse do convento para ir às reuniões.

Acompanhei-o até o convento, depois fui à casa assombrada avisá-los da visita:

– *Companheiros, aqui irá ser esconderijo de escravos foragidos. Amanhã o senhor Josias virá aqui trazer roupas e alimentos para que eles possam alimentar-se e vestir-se enquanto estiverem aqui, até que tenham como fugir.*

– *Pode ir tranquilo, senhor Lourenço. Não faremos nada contra o senhor Josias, e tudo faremos para proteger os negros que aqui vierem se esconder.*

Josias foi no outro dia cedo e eu o acompanhei, os escravos desencarnados ficaram quietos, só observando.

Um mês se passou. José Maria ia dar uma aula quando ouviu os comentários de alguns alunos no pátio:

– Um negro foi preso no tronco da praça!

– Receberá, ao amanhecer, cem chicotadas!

– Cem? – indagou meu filho assustado. – Irá morrer, com certeza. Que fez para merecer esse castigo?

Um dos alunos respondeu:

– Dizem que ele foi indelicado com sua sinhá...

– Que mexeu com ela... – um outro completou a informação.

José Maria ficou apreensivo. Deu a aula e foi para seu quarto pensar no que faria para ajudar o escravo prisioneiro. Quando soube da notícia era de tarde, agora já escurecia e ele queria achar um jeito de libertá-lo. Ficaria preso a noite toda e só seria castigado pela manhã. Muitas pessoas iriam ver o flagelo. Meu filho não tinha como falar com nenhum dos seus companheiros, e Josias estava na fazenda e talvez nem ficasse sabendo. Resolveu agir sozinho, planejou ir lá após as duas horas da madrugada, daria um jeito de imobilizar o guarda e soltar o escravo. Não dormiu, estava ansioso demais. Na hora que marcou, saiu do quarto, cauteloso, e foi para os fundos do convento. Temi por ele e o acompanhei atento. Preferia vê-lo dormindo, mas o compreendi, estava agindo certo, ainda mais porque sabia ser imerecido o castigo. Fui ver o escravo no tronco e li seus pensamentos. Ele era inocente, por intriga de sua sinhá ia ser duplamente injustiçado, pois, mesmo que estivesse errado, ninguém deve ser tratado com violência.

José Maria vestiu as roupas que Josias lhe dera e levou a corda que havia escondido no quarto. No pátio, subiu numa árvore e por ela chegou ao muro. O convento tinha muros altos, mas ele sempre fazia isso para sair sem ser visto. Amarrou a corda num galho da árvore, jogou-a para o lado de fora e desceu por ela. Escondeu-a entre os galhos e caminhou para a praça. Viu que o guarda estava perto do escravo, procurou então algo para desarmar o vigia. Achou um pedaço de pau e, sempre com cuidado para não ser visto, aproximou-se do vigilante por trás e com toda a força golpeou-o na cabeça. O homem caiu desmaiado. Rapidamente aproximou-se do escravo preso e, enquanto o soltava, falou:

— Fuja e se esconda na casa assombrada, a do lado da gruta. Fique quieto lá até que as buscas terminem. Alguém irá lá para ajudá-lo. Ele assobiará três vezes, é um amigo que lhe dará instruções para ir embora para longe. Não tenha medo da casa, ela não é assombrada. Isso foi invenção para ninguém ir lá. Vá com Deus! Corra!

O libertado agradeceu com medo e emoção:

— Deus lhe pague!

Correu.

— *Corra também!* – pedi aflito para meu filho.

Ele ia correr, mas se preocupou com o pobre vigia e aproximou-se dele para verificar se estava bem. O guarda estava acordando.

— Bandido! – exclamou irado.

"Corra, José Maria! Corra!" – gritei.

Ele então correu, o guarda deu tiros e um deles atingiu meu filho na coxa direita. Mesmo ferido continuou correndo. Ao chegar perto do convento, percebeu que sangrava muito. Tirou a camisa e a enrolou na perna, estancando o sangue. Foi até o local onde deixara a corda e cautelosamente foi para seu quarto.

O guarda gritou e com os tiros acordou e alarmou todos os habitantes da cidade. Os homens levantaram e saíram à procura do bandido que soltara o escravo. Seguiram o rastro de sangue e, como este acabava no muro, concluíram que o bandido devia ter entrado no convento.

José Maria entrou no seu quarto, amarrou bem a perna, trocou de roupa, escondeu a corda, colocou a roupa suja de sangue embaixo do colchão e fingiu dormir.

Muitos homens armados entraram no convento e com ordem do padre superior revistaram tudo. Chegaram ao quarto de José Maria.

– Que foi? O que aconteceu? – indagou ele fingindo estar acordando.

– Não disse que padre José é um dorminhoco? – comentou Lenizo, que os acompanhava.

Os homens deram uma olhada e saíram. José Maria suspirou aliviado. Quando tudo ficou quieto, ele levantou-se, desenrolou a camisa da perna e examinou o ferimento. A bala entrou por um lado e saiu pelo outro, mas não provocou fraturas.

Eu fui à colônia pedir ajuda e veio comigo um médico desencarnado para auxiliá-lo. José Maria lavou a ferida, desinfetou-a com aguardente de uma garrafa que ganhara há muito tempo e guardara no armário, e enfaixou novamente a perna. O médico que me acompanhava deu-me remédios que eu deveria colocar diversas vezes na água que ele tomaria.

– *Lourenço* – afirmou o médico –, *José Maria ficará bom! Se precisar de mim, chame que virei.*

José Maria sentiu muitas dores, levantou-se como de costume e fez todo seu serviço como se nada tivesse acontecido, não pôde nem mancar ou expressar sua dor. Pedi a ele que não fosse à escola à noite, atendeu-me e disse a Lenizo:

— Lenizo, não devo ir por uns dias às aulas da noite, substitua-me, por favor.

O padre amigo preocupou-se com ele, não perguntou nada, mas entendeu ser ele o libertador do escravo.

— Sente algo?

— Não, estou bem, mas devo repousar um pouco.

Não só Lenizo o substituiu como também o ajudou nas outras tarefas do convento.

José Maria agiu como sempre, e ficou atento aos comentários, que foram muitos.

— O guarda – contou um aluno – contou que quem o atingiu foi um sujeito grande e forte.

— Mas ele ficou ferido – comentou um outro. – Quem será? Deve ser alguém de outra cidade. Aqui não apareceu ninguém ferido.

— O fato é que o sujeito sumiu e o negro também – comentou um para o outro rindo.

José Maria alegrou-se, o escravo conseguira fugir.

O escravo, ao ser libertado, correu e foi para a casa assombrada, temeu, mas, como os desencarnados que lá vagavam prometeram, nada fizeram contra ele. Quando as buscas terminaram, Josias foi lá, levou dinheiro e roupas para ele e lhe ensinou o caminho para ir ao quilombo mais próximo. O escravo fugiu com sucesso.

Leonor veio visitar José Maria e eu lhe contei todo o acontecido. Ela aproximou-se dele, que apesar das dores tentava dormir, e com muito carinho lhe deu um passe que o fez adormecer. Observei-a curioso e indaguei:

– *Vocês já estiveram juntos em outras existências?*

– *Já* – respondeu Leonor sorrindo.

Fez uma pausa, pedi com o olhar para que me contasse sua ligação com ele. Leonor atendeu-me.

– *José Maria e eu sempre nos quisemos bem, já estivemos encarnados muitas vezes juntos como amigos, irmãos, há três encarnações fomos marido e mulher. Vivemos muito felizes, numa harmonia que poucos casais encarnados conseguem ter. Entretanto ele desencarnou primeiro e eu não consegui viver sem ele. Triste, angustiada, não quis lutar pela vida e fui definhando, antecipei a morte do meu corpo. Ele tentou me ajudar mostrando o quanto estava errada, mas não o compreendi. Novamente voltamos juntos, fui mãe dele na sua última encarnação, naquela em que foi o padre que o ajudou. Novamente não me conformei com sua desencarnação, ainda mais quando soube o muito que sofreu preso e condenado pela Inquisição. Minha dor foi muita, e novamente antecipei minha desencarnação com o desânimo, a tristeza e a saudade.*

"*Nessa fui eu que desencarnei primeiro, sofri no começo com a separação. Cansada de padecer por esse motivo, quis mudar, com estudo compreendi tudo. Tive que voltar três vezes para aprender que o apego e a dor são inseparáveis. A dimensão da dor tem o exato tamanho do apego que tivermos. A maioria de nós tem um problema, nossos conhecimentos teóricos não têm força suficiente para realizar uma mudança verdadeira no nosso estado interior. Conhecer teoricamente não é suficiente para que haja um saber vivencial. Talvez por isso é que a vida nos dá a oportunidade de voltarmos várias vezes às mesmas situações, até que assimilamos a lição de que nada nos pertence em particular e, portanto, não há razão para o apego. Devemos amar a tudo como um todo e a este amor nos dedicar com toda a força de nossa alma, porque somos parte desse todo. Lourenço, para ultrapassar o apego foi preciso perder o ser amado várias vezes, até que aprendi a amar sem me identificar com o ser amado. Amar sem tempo nem espaço. Simplesmente amar."*

Leonor calou-se. Compreendi-a. Cuidamos de José Maria. Seu ferimento cicatrizou sem problemas e logo estava bem. Dois meses depois, quando foi mandado para visitar um fazendeiro, conseguiu levar sua roupa suja de sangue, a que usou quando libertou o escravo, e jogá-la no rio.

Todos evitavam de passar perto da casa assombrada e ela se tornou um ótimo esconderijo.

CAPÍTULO 11
Tramas no convento

Para serem feitas algumas modificações no convento, que ainda estava sendo construído, Lenizo novamente dividiu o quarto com José Maria.

Estavam os dois trabalhando muito, meu filho, preocupado com o grupo e Lenizo, distante. Percebemos logo seu ar distraído e melancólico. José Maria indagou preocupado:

— O que está acontecendo com você, meu amigo? Está distraído. Posso ajudá-lo?

— Não está acontecendo nada de especial, estou saudoso de casa, é só isso.

Lenizo estava havia anos longe dos seus familiares. José Maria fingiu acreditar, não queria ser indiscreto. Eu soube o que acontecia. Só de observá-lo vi que pensava com muito amor numa jovem. Estava apaixonado e era correspondido.

Lenizo ensinava três vezes por semana, à tarde, a filha de um rico fazendeiro da região. Ele ia à fazenda e dessas visitas os dois jovens se enamoraram. Era um amor grande e honesto. O jovem padre não sabia o que fazer e estava vivendo um grande conflito: amava a jovem Maria, era correspondido, mas amava também o sacerdócio a que se dedicava havia anos com tanta devoção. Todo conflito traz sofrimento, e ele sofria.

Dias depois, Lenizo chegou aflito da fazenda e pediu para conversar com meu filho. Foram para o quarto e o jovem padre desabafou preocupado:

— Padre José, estou enamorado! Sempre tive vocação para o sacerdócio, ou pensava ter. Deixei meus pais, irmãos, a família, para seguir minha vocação e prometi a mim mesmo que seria um bom padre. Mas, quando o padre superior me escalou para ensinar a filha de um fazendeiro, fui de boa vontade, só que o cupido nos pregou uma peça. Estamos apaixonados! Meu conflito é grande e estou sofrendo muito. Não devo amá-la como mulher, e além disso os pais dela nunca irão concordar, eles têm planos para ela, querem casá-la com um senhor rico. Hoje a governanta nos surpreendeu abraçados. Acho que fomos descobertos! Que faço?

— Calma, Lenizo! Deixe-me pensar sobre o assunto. Acharemos a solução juntos. Agora tenho que dar uma aula. À noite conversaremos.

Quando terminou a aula, ao sair da classe, José Maria viu o fazendeiro, o pai de Maria, a enamorada de Lenizo, sair do convento. Parecia normal, despreocupado. Meu filho perguntou ao empregado que estava na frente do convento:

– O que este senhor veio fazer aqui a esta hora?

– Veio ver o padre superior. Chegou nervoso, irado e está indo embora calmo. Não sei o que conversaram...

Meu filho desconfiou que algo aconteceria e foi à procura de Lenizo e, após meia hora, encontrou-o no quarto deles.

– Padre José – contou o jovem padre –, estou voltando do gabinete do padre superior, ele me chamou para conversarmos. O pai de Maria veio aqui reclamar de mim para ele. A governanta, como previmos, contou-lhe tudo, que nos viu abraçados.

Lenizo calou-se por um instante, sentou-se, desabotoou a batina na altura do pescoço, e depois continuou a falar, passando a mão no estômago.

– Padre superior pediu-me para não ver Maria por um tempo, disse-me que vai pedir ao Papa minha dispensa do sacerdócio. O pai de Maria não quer a filha envolvida com padre. Mas acho que nem com pobre e...

José Maria escutava de cabeça baixa, achando estranha a atitude do padre superior. Tinha certeza de que ele ia esbravejar, castigar Lenizo. Como o jovem padre calou-se novamente, olhamos para ele. Apavoramo-nos ao vê-lo, estava vermelho, suando, passava mal. Meu filho indagou:

– Tem mesmo certeza de que o padre superior não lhe tratou mal?

– Tratou-me com carinho – respondeu Lenizo com dificuldade. – Até me ofertou um licor.

José Maria arregalou os olhos.

– Licor? Veneno? Você tomou veneno?

– Não! Nunca iria me suicidar... Sinto-me mal! Que dor!

José Maria ajudou-o a se livrar da batina, deu-lhe água e o forçou a vomitar.

– Vou buscar ajuda!

Abriu a porta e Lenizo pediu:

– Não me deixe sozinho, quero me confessar.

Um padre ia passando no corredor e meu filho pediu:

– Padre Marcos, corra e busque padre Afonso. Vá à cozinha e traga muito leite. Padre Lenizo está passando mal! Corra, por favor!

Padre Marcos saiu apressado. Lenizo pegou firme na mão de José Maria.

– Absolva-me dos meus pecados! Amei uma mulher e jurei fidelidade à Igreja. Mas meu amor foi casto. Eu...

Achando que não deveria escutar uma confissão, fui para o corredor, concentrei-me e chamei o médico da colônia que havia me ajudado quando meu filho se feriu. Ele veio logo e entramos no quarto. Lenizo segurava a mão de José Maria e falava com dificuldade, o sangue brotava dos seus lábios.

– Padre José, se o senhor conseguir falar com Maria, diga-lhe que a amei muito, mas que é para ela continuar vivendo e aceitar com resignação nossa separação. Penso meu amigo, que não nascemos para ficar juntos.

O meu amigo médico examinou-o e concluiu:

– *Foi envenenado!*

Chegaram padre Marcos e padre Afonso. Este tinha alguns conhecimentos de medicina e pôs-se a examinar Lenizo, que já agonizava.

– Está morrendo! Não tenho como ajudá-lo! – lamentou padre Afonso.

O médico da colônia confirmou:

– *De fato, Lenizo está desencarnando. Pedirei para socorristas virem ajudá-lo.*

Não demorou, dois espíritos vieram, entraram no quarto, deram passes em Lenizo, que foi se acalmando.

Dois ajudantes da cozinha vieram com o leite. Padre Afonso indagou:

– Para que isso? Padre Lenizo está tendo um ataque do coração.

– Foi o padre José que pediu... – respondeu padre Marcos.

Padre Afonso olhou de forma severa para José Maria, e eu interferi, pedi mentalmente para meu filho responder o que achei que convinha no momento. Ele me atendeu.

– É que acho leite bom para tudo...

– De fato é bom, mas não para o padre Lenizo nesse momento. É melhor lhe dar a extrema-unção.

Padre Marcos deu-a, José Maria ficou olhando-os, orou com fé, pediu a Deus ajuda ao amigo. Lenizo expirou, seu corpo físico morreu. Os dois socorristas e o médico adormeceram seu corpo perispiritual, efetuaram o desligamento e o levaram para a colônia.

Providências foram tomadas, padre Marcos limpou o cadáver e o vestiu, levaram-no para a capela para ser velado. José Maria ficou quieto observando. Sentiu muito a morte do amigo e mais ainda o acontecimento: Lenizo fora assassinado, envenenado pelo padre superior, e padre Afonso certamente sabia e se omitiu.

"Deveria também me omitir? Que atitude devo tomar?" – indagava-se. – "Que devo fazer?"

O enterro foi no outro dia às doze horas. O padre superior celebrou a missa e encomendou o corpo. Estava tranquilo como sempre. E a morte de Lenizo foi dada como um mal súbito, talvez alguma enfermidade do coração. Se alguém desconfiou, calou-se. José Maria teve certeza de que foi o padre superior quem o envenenou. Sabia que ele tinha frascos com venenos. Ele era alemão e na Europa, em alguns lugares, isso já havia ocorrido. Meu filho, na sua encarnação anterior, também como padre, presenciara e soubera desses fatos e sentia nesta que isso acontecia. Teve dó do padre superior e resolveu ajudá-lo: tentou conversar com ele alertando-o sobre o seu erro. Mas este não queria conversa e evitava meu filho.

Padre superior estava sempre acompanhado por duas entidades. Um era alemão e o outro, um ex-escravo, e foi com este que conversei:

– *Senhor Lourenço* – pediu ele –, *não interfira! O senhor e o padre José não têm nada que ajudar este monstro. Faço parte de um grupo, somos muitos que o odiamos e estou aqui para vigiá-lo, anotar tudo que faz, estamos esperando a hora certa para nos vingarmos.*

– *E o outro?* – indaguei.

– *É amigo dele, protege-o! Afinam-se, são semelhantes.*

José Maria aproveitava todas as oportunidades para dizer os ensinamentos de Jesus ao padre superior, que os sabia de cor, porém não os vivenciava.

Procurei saber o que de fato acontecera. O pai de Maria veio reclamar de Lenizo, exigiu que ele sumisse dali, que fosse transferido e que não voltasse mais à sua casa, ameaçando não ajudar mais a Igreja se isso não acontecesse. Padre superior achou que o melhor modo de resolver o problema seria que o jovem padre morresse, assim não iria sujar o bom nome do convento, pois sentiu que Lenizo não ia desistir de Maria e que realmente a amava. Resolveu eliminar o mal pela raiz.

O espírito do alemão que o acompanhava era tal qual o padre superior: pensavam da mesma maneira, deliciavam-se juntos comendo e bebendo muito. Logo após algumas tentativas de José Maria, ele aproximou-se de mim e falou autoritário.

– *Impeça o seu protegido de falar bobagens ao meu amigo. Não o quero por perto! Se continuar, sobrará para ele!*

Ameaçou e ficou me olhando, sorrindo cinicamente.

– *Senhores* – me defendi educadamente –, *vivem de modo errado e só estamos tentando alertá-los.*

– *Modo errado? Defendemos nossa Igreja! Não deve haver lugar para padres infiéis aqui. Padre Lenizo queria abandonar a Igreja para tentar se casar! Ficar com uma mulher! Trocar a Igreja por um ser inferior! Não poderíamos correr o risco de um escândalo.*

– *Violaram um mandamento. Não matar!* – lembrei-o.

– *Para toda obra nobre há um preço! Não violamos nada. Tudo é válido para o bem-estar da Igreja. Fui padre superior e agora ajudo este a ser responsável. É um aviso: não se metam!*

Durante o jantar, José Maria esbarrou num copo, derrubando-o sobre a mesa.

– Padre José – ordenou o padre superior –, está desastrado e inquieto. Vá para seu quarto sem o jantar e fique três dias sem se alimentar para aprender a ser mais atento.

Meu filho levantou-se e retirou-se, o espírito do alemão me olhou desafiadoramente.

O ex-escravo, que vigiava os dois, veio conversar comigo:

– *Senhor Lourenço, tente evitar que o padre José se envolva com esses dois. São maus!*

– *Não merecem eles ajuda? Não são os enfermos que necessitam de médico?*

– *Quando nos sentimos doentes, senhor Lourenço, é que queremos médico, mas eles não se sentem necessitados. Como vão ajudá-los? Também não queremos a ajuda de vocês, porém os respeitamos e não os queremos envolvidos nesse assunto. Tudo passa e estes dois terão a parte que lhes cabe. O senhor tem notícias do padre Lenizo? Ele também foi vítima deles e poderá querer se vingar.*

Não respondi. Fiquei apreensivo com o castigo do meu filho, ele era magro e fraco, sentiu fome, mas não se queixou.

Fui visitar Lenizo na colônia, ele estava bem. Apresentei-me explicando quem eu era e ele me recebeu com carinho. Havia perdoado de coração, mas sentia-se constrangido e envergonhado. Não queria ter se apaixonado.

– *Padre Lenizo* – aconselhei –, *não se sinta assim. Não teve culpa!*

– *Sinto-me responsável por Maria. Embora não tivéssemos a intenção de conquistar um ao outro, o amor nos uniu. Devia ter evitado, pedido para não ir mais lá, mas fui adiando, não tive forças, queria só vê-la. Acabei fazendo-a sofrer!*

– *Talvez seja reencontro do passado* – opinei.

– *Não, indaguei isso a um dos meus instrutores e ele se certificou. Maria e eu não somos afetos do passado, nunca reencarnamos juntos.*

– *Não reencarnamos para aprender a amar? Fazer afetos?* – tentei animá-lo. – *Vocês dois tiveram muitas coisas em comum. Maria, oprimida pelos pais, pela sociedade, teve em você a compreensão, não a tratou como um ser inferior. Você entrou para o sacerdócio muito jovem, talvez não era isso o que realmente queria. Carentes, com afinidades e com as mesmas ideias, se enamoraram.*

– *Obrigado por suas palavras. Mas sinto padre José preocupado. Que se passa com ele?*

– *Ele sabe que você foi assassinado e não sabe o que fazer em relação a isso. Não quer ficar omisso. Por tentar ajudar o padre superior a não errar mais, está de castigo sem se alimentar por três dias.*

– *Gostaria de conversar com ele. Ou melhor, agora não sei se isso é possível, mas vê-lo. Ele gostará de saber que perdoei e que não guardo mágoas.*

Um dos seus instrutores que estava presente e ouvia nossa conversa opinou:

– *Tem permissão, padre Lenizo, de visitá-lo. Lourenço poderá levá-lo e trazê-lo. Vá ver seu amigo!*

Trouxe Lenizo, era de noite, José Maria estava preparado para dormir, estava cansado. Com a desencarnação do amigo, ele assumira todo o trabalho da escola dos pobres, à noite. Ele sentiu a presença de Lenizo. Os dois conversaram mentalmente, entenderam-se. A amizade dos dois era pura, desinteressada e um estava preocupado com o outro, com intuito de se ajudar mutuamente, queriam ambos o bem-estar do outro e houve um intercâmbio que foi mais sentido que verbal, foi compreendido.

– Padre Lenizo, é você? Está bem, amigo?

– *Estou bem! Vim só para agradecê-lo e pedir para não se preocupar comigo. Perdoei, amigo! O perdão desata os nós da animosidade. Perdoei! Necessito tanto de perdão!*

– Se perdoou a outros, perdoe a si mesmo! – aconselhou meu filho. – Perdoe-se!

Lenizo sorriu, o amigo estava sempre o ajudando, entendera o que se passava com ele. Sim, ele necessitava perdoar a si mesmo. Ia tentar fazer, era preciso. Respondeu com carinho:

– *Padre José, agradeço-lhe! Obrigado!*

– Alegro-me por saber que está bem – respondeu José Maria.

– *Não se envolva com o padre superior* – pediu Lenizo. – *Vamos amá-lo somente. Nossas vibrações o ajudarão. Ele pensa, tem certeza de que agiu certo.*

– Tenho que alertá-lo! – exclamou meu filho. – Já pensei em escrever ao bispo. Mas não tenho como provar e não tenho boa fama com as autoridades da Igreja. Sou um revolucionário!

– *Não se exponha, padre José! Cuidado!*

– Obrigado pela visita! Venha sempre que puder. Inicie vida nova e, como perdoou a outros, não esqueça de ser benevolente com você. Vá em paz, amigo, seja útil onde estiver.

Padre Lenizo o abraçou e chorou emocionado. Voltamos à colônia e, após deixá-lo, voltei para perto do meu filho.

Soubemos que Maria ia casar. Meu filho queria dar o recado a ela, porém ainda não tivera oportunidade. Mas esta surgiu: Maria com a mãe e as cunhadas vieram se confessar. José Maria, desobedecendo às ordens do padre superior, pois estava proibido de atender os ricos, entrou rápido no confessionário para atendê-las, e, quando Maria ajoelhou-se, ele lhe deu o recado:

— Maria, padre Lenizo morreu nos meus braços. Ele pediu que, se houvesse oportunidade, eu lhe falasse que ele a amou muito e por isso a quer feliz. Você, filha, deve esquecê-lo e tudo fazer para estar bem.

— Obrigada, padre José! Sei que era amigo de Lenizo, ele me falava sempre com carinho do senhor. Estou sofrendo sem ele, já pensei até em morrer, suicidar-me, mas tenho medo. Amei-o e amo-o ainda, penso que não vou esquecê-lo. Quis ir para o convento, mas meu pai não deixou. Vou casar e não amo meu futuro marido.

— Não pense em morrer, filha! Suicídio é um pecado grave. Depois irá morrer à toa, pois não ficará com Lenizo.

— Se fizer isso sei que irei para o inferno. Lenizo deve estar no céu!

— É mais ou menos isso – concordou José Maria. – Lenizo está bem e quem se suicida passa por períodos difíceis e normalmente longe dos entes queridos. Esqueça-o, Maria! Case e tente amar seu esposo. Quando for mãe sentirá o amor maternal que a fará esquecer isso tudo. Viva, filha! E seja feliz!

Maria ficou mais consolada, mas, pela desobediência, José Maria foi proibido de tomar as refeições com os outros padres no refeitório. Deveria se alimentar na cozinha com os empregados e escravos. Ele não achou ruim, só que comia menos, porque estava sempre dando parte do alimento a alguém. E ali na cozinha tinha muitas oportunidades de conversar com os escravos e empregados, ajudando-os com conselhos e sugestões.

Maria casou-se e José Maria foi impedido de ver a cerimônia, mas orou muito para que ela fosse feliz.

Lenizo adaptou-se rápido à vida desencarnada, foi estudar e logo estava sendo útil. Perdoou a si mesmo. O difícil não é perdoar os outros, e sim nós mesmos, mas é importante nos perdoarmos e iniciar com firmeza e esperança a reparação dos nossos erros.

Padre superior passou a evitar José Maria. Antes se encontravam no refeitório, agora se viam raramente e quando isso acontecia só se cumprimentavam, ele não se dirigiu mais ao meu filho, nem para dar ordens. Assim José Maria não conseguiu mais orientá-lo, ou melhor, tentar fazê-lo entender que agia errado.

Conversava sempre com o ex-escravo que vigiava o padre superior, fui até o grupo dele para visitá-los. O grupo era de vingadores e os mestres vieram da Europa e aqui fundaram algumas escolas no umbral. Receberam-me bem e deixaram claro que não aceitavam minhas ideias e que deveria fazer minha parte, meu trabalho, sem incomodá-los, e o chefe me advertiu:

— *Não gostamos do padre José nem dos seus atos, mas o respeitamos. Também reconhecemos que ele é um grande homem e corajoso! Ele luta com outras armas e nós usamos as mesmas que nossos inimigos. Não interfira!*

Senti-me derrotado e triste. Fui à colônia pedir conselho. Escutei-os de um instrutor:

— *Lourenço, foi válido tentar ajudar esses vingadores. Porém, meu caro, temos nosso livre-arbítrio, nós e eles fazemos dessa liberdade o que queremos, só que tudo fica dentro de cada um, registrado. Sabemos dessas reuniões. Ao virem para estas terras os imigrantes encarnados, vieram também os desencarnados e aqui se instalaram. Os bons começaram a construir, outros foram para o umbral organizar locais para se estabelecerem e muitos vieram atrás de seus algozes. Você não deve interferir, ajude-os se vierem lhe pedir. Não se sinta triste. Ame-os, o amor anula o ódio.*

Voltei para perto de José Maria e motivei-o a continuar seu trabalho na escola dos pobres. E ele também permaneceu no grupo abolicionista.

Um dia o desencarnado que vigiava o padre superior veio me procurar.

– Senhor Lourenço, estou aflito! Quero ajudar minha filha encarnada e não sei como. Meu grupo não tem como auxiliá-la.

– Fale, meu amigo – pedi *–, se eu puder, ajudarei com prazer.*

– Ela é escrava na Fazenda Santa Teresa, que fica aqui perto. Minha filha ama um outro escravo, é amada, só que o sinhô tem outros planos para ela e a quer como amante. Ela está sofrendo muito e tem medo. Estão planejando fugir, mas, se não tiverem para onde ir, vão se dar mal. Vocês, que ajudam os fugitivos, não poderiam ajudá-los?

Ele me deu todos os dados. Tentei transmitir isso ao meu filho. Não foi fácil! Falei a ele por muitas vezes, prestou atenção, mas não consegui transmitir nem ele captar todos detalhes, mas ficou a ideia, os fatos principais.

Três dias depois o grupo se reuniu e José Maria lhes falou:

– Na Fazenda Santa Teresa existe um casal de escravos que quer fugir. Será que não podemos ajudá-los?

– Como se chamam? Quem são eles? – indagou um do grupo.

– Não sei! – respondeu meu filho. – Parece que o fazendeiro está molestando a mocinha.

– Conheço aquele homem – informou Josias. – Esse fazendeiro costuma ter as jovens escravas como amantes. Mas como ajudá-los?

– Meu cunhado é feitor lá – contou Firmindo. – Não faz parte do nosso grupo por medo, mas tem ideias abolicionistas. Talvez nos ajude.

– Peça a ele para nos ajudar – disse Josias –, para marcar a fuga para este sábado à noite, e avisá-los para se dirigirem à Pedra Redonda.

– Por que lá? – indagou um deles.

– Estarei lá e indicarei para onde eles devem ir – respondeu Josias. – É arriscado comentar com alguém a respeito da casa assombrada. A Pedra Redonda é caminho e todos sabem onde fica. Estarei lá, não deixarei que me vejam, indicarei o caminho e explicarei a eles o que fazer. Agirão como o outro escravo, ficarão lá até as buscas acabarem e depois irão para o quilombo.

– E se não der para eles fugirem neste sábado? – indagou Firmindo.

– Que façam no próximo – decidiu Josias.

– E se meu cunhado não quiser se envolver? – perguntou novamente Firmindo.

– Peça a ele, diga-lhe que o grupo ficará devendo-lhe este favor – respondeu Josias. – Mas leve este dinheiro a ele. Talvez o faça por isto.

A reunião acabou. Eu acompanhei as negociações. O feitor aceitou o dinheiro, deu o recado aos dois jovens apaixonados, que no sábado à noite fugiram. Josias os esperava, falou-lhes da casa. Os dois tiveram medo, mas foram, e os desencarnados que lá estavam não os assombraram, tentaram até ajudar. Dias depois, seguindo as recomendações de Josias, partiram para o quilombo e tiveram mais uma fuga com sucesso.

O pai da jovem escrava, o vigia desencarnado do padre superior, veio me agradecer:

– *Obrigado, senhor Lourenço! Deus lhes pague!*

Tornamo-nos amigos e eu acabei por convencê-lo a esquecer as mágoas, perdoar e aceitar um socorro, ele assim fez. Mas veio outro da organização, do grupo de vingadores, para substituí-lo com um recado para mim.

– *Nosso chefe mandou lhe dizer que não deve interferir mais em nossos assuntos. Não quero conversa com você, não irei responder quando se dirigir a mim. Faça o seu trabalho e deixe-nos fazer o nosso.*

Este realmente agiu assim, não ficava perto de mim, nem respondia aos meus cumprimentos e continuou atento ao seu trabalho.

José Maria continuava trabalhando muito e era cada vez mais amigo dos pobres e escravos, que o queriam bem e retribuíam com carinho o amor que ele dedicava a todos.

CAPÍTULO 12

O grupo desfeito

José Maria continuava a tomar conta da construção, que certamente se estenderia ainda por anos. Era trabalhoso organizar tudo. Como ia bem, o padre superior o deixou encarregado de cuidar dos empregados e escravos, e estes eram bem tratados e, mesmo sem que a congregação quisesse, servia de exemplo, de um bom exemplo. Os empregados e escravos bem alimentados e sem maus-tratos rendiam mais, pois trabalhavam felizes.

José Maria lecionava pouco no colégio, dava aulas para os meninos com menos idade. Era ótimo professor e a garotada gostava dele, mesmo depois, vários anos letivos mais adiantados, estavam sempre o procurando para que os ajudassem em algumas matérias. Ensinava-os com muito gosto e carinho.

Passou a ir três vezes por semana na escola à noite. Mesmo cansado ia alegre e ensinava os pobres, os que não conseguiam pagar para aprender.

Havia uma senhora rica e viúva que gostava muito do meu filho e exigia que ele fosse à sua fazenda uma vez por mês para confessá-la. Como dava generosas esmolas ao convento, o padre superior permitia que ele fosse. Esta senhora preparava deliciosos lanches e o fazia comer.

— Coma, padre José — ela oferecia alimentos com delicadeza. — O senhor precisa se alimentar. Está tão magro!

Conversavam amigavelmente, meu filho a alertava da igualdade entre os filhos do mesmo Deus.

— Padre José — perguntou ela um dia —, por que Deus sendo pai dos negros os deixa ser escravos? Por que Ele os pune?

— Será que Deus, Pai Amoroso é quem pune? Ou somos nós mesmos que traçamos nosso destino? Creio que Deus é Misericordioso e nós devemos ser também. Ele nos ama e nós devemos amar uns aos outros. O porquê de muitas coisas, não sei explicar. Deus é justo! Não deve condenar ninguém ao inferno eterno, deve nos mandar de volta à Terra quantas vezes for necessário para que aprendamos.

A senhora não entendeu bem, mas se pôs a pensar no que gostaria que lhe fizessem se ela fosse negra e escrava. Deu carta de alforria a todos seus escravos. Houve confusão. Seus herdeiros acharam ruim e culparam José Maria, concluíram que foi ele que induziu a rica senhora a tomar essa atitude.

A senhora o defendeu, disse a todos que a ideia fora dela, mas ninguém acreditou. Numa visita ela se desculpou:

– Padre José, espero não lhe ter trazido problemas. Fiz o que achei melhor.

– Foi um gesto bonito da senhora! Não ligue para críticas e comentários. Agiu conforme sua consciência e atos generosos não são entendidos por muitos. Alegro-me por tê-la como amiga! Orgulho-me do seu gesto.

– Meu consolo – afirmou ela – é que nem Jesus agradou a todos! Tudo passa, nós, eles e a escravatura. Logo esquecerão meu gesto.

Muitos dos ex-escravos, dos libertos, ficaram como empregados na fazenda dessa senhora, mas outros saíram querendo desfrutar de sua liberdade e a confusão piorou. Não achavam emprego, começaram a passar fome e ser acusados de furtos e arruaças, e realmente muitos agiram errado.

A cidade ficou em alerta, José Maria teve que interferir. Arrumou emprego para alguns, aconselhou outros a voltarem para a fazenda e outros a partir.

Entristecemo-nos, vimos que não bastava ser liberto, tinham que saber agir com a liberdade. Que não bastava libertar os escravos, tinham que dar meios para sobreviverem dignamente.

O grupo abolicionista incomodava a elite da época. Os escravocratas da região estavam inquietos e atentos. Muitas fugas estavam sendo realizadas sem deixar rastros e empenharam-se para acabar com o grupo.

Naquela noite haveria reunião, eles iam se reunir numa clareira no bosque. Um lugar agradável, não longe da cidade, onde havia um riacho com uma bonita cachoeira.

José Maria teve um dia agitado, com muitos problemas na obra, fiquei ajudando a resolvê-los.

Vera Lúcia Marinzeck de Carvalho ditado por Antônio Carlos | 143

Depois da aula da noite, foi para seu quarto e arrumou tudo para ir à reunião. No horário marcado, uma hora da madrugada, saiu cauteloso do quarto, acompanhei-o. Fez tudo como de costume: subiu na árvore, amarrou a corda no galho, desceu rente ao muro, escondeu a corda e andou apressado. Não havia ninguém na rua, chegou rápido ao local do encontro. Logo foram chegando seus companheiros e um ex-escravo desencarnado veio aflito me avisar, ou avisar-nos, porque eu não era o único desencarnado, outros acompanhavam o grupo tentando ajudá-lo.

– *Amigos!* – alertou nervoso um ex-escravo. – *Fomos traídos! Firmindo, por dinheiro, delatou o grupo e uma emboscada está sendo preparada. Prenderão todos!*

Verificamos, ele falava a verdade, muitos homens armados cercavam o local. Tentamos alertá-los. Aproximei-me de José Maria.

"Filho, onde está Firmindo? Não veio! Traiu-os! Foram descobertos! Prestem atenção, fujam depressa!"

José Maria ficou inquieto e comunicou aos companheiros:

– Estou com uma sensação estranha! Acho que fomos descobertos! É melhor adiar a reunião!

– Também estou inquieto e receoso – expressou um deles.

– E Firmindo? Por que não veio? – indagou outro.

– Deixem de besteiras! – exclamou Josias. – Em todas as reuniões alguém tem esse receio. Nada de mau acontecerá. Firmindo deve ter tido problemas ou deve estar atrasado. Vamos ao nosso assunto...

Escutaram um barulho.

– Será Firmindo? – indagou um do grupo.

"José Maria" – insisti –, *"vocês foram descobertos. Fujam! Foram traídos!"*

Ele hesitou, pensou que talvez a sensação de perigo era porque estava com medo, eu persisti. Os outros desencarnados tentavam também alertá-los. Essas situações são muito difíceis para nós, desencarnados. Vimos o grupo armado rodeá-los, vinham com cuidado para atocaiá-los, com intenção de matar ou prender. Pedi socorro aos amigos da colônia, mas recebi a resposta de que não tinham como interferir.

Meu filho acabou por falar:

– Sinto, amigos, mas acho que fomos descobertos. Acabemos com a reunião, se nada acontecer, será marcada para outro dia. Dispersemo-nos! Rápido!

Alguns correram e escutaram um tiro. O grupo se desfez rápido, mas estavam cercados. Fiquei ao lado de José Maria, que não se apavorou e tentou proteger os amigos. Foi agarrado por dois homens e imobilizado. Alguns de seus companheiros estavam armados e houve troca de tiros. Dois deles tombaram feridos mortalmente e um do outro grupo também.

Acenderam uma tocha. Um deles, um fazendeiro do local que liderava o grupo, iluminou o rosto dos prisioneiros. Seis foram capturados. O grupo era de onze: Firmindo, que não veio, dois que morreram ali, seis que foram presos e dois que fugiram.

O fazendeiro foi olhando um por um, ao ver Josias, exclamou admirado:

– Ora, veja só, o mulherengo do Josias! Quem diria que esse almofadinha é um abolicionista. Vai matar seus pais de desgosto! Padre José? Não é possível! Será mesmo?

Espantou-se quando iluminou o rosto de meu filho.

— É sim! – afirmou um deles. – É o padre, embora esteja vestido com roupas comuns, é o padre. Conheço-o!

— Levem os prisioneiros para minha fazenda. Prendam-nos na senzala, onde deixo os escravos fujões. Menos Josias, sou amigo do pai dele. Vou levá-lo para sua casa. Também não leve o padre, vamos deixá-lo no convento, irei entregá-lo ao padre superior. Não gosto de me meter com padres. Deve dar azar matar um!

José Maria escutou quieto, quando o fazendeiro terminou de falar, ele disse:

— Sou o líder do grupo! Aliás, não existe grupo, sou só eu. Convidei-os para que viessem se aliar a mim. Nunca vieram antes. Sou só eu e os dois que morreram.

Gargalharam.

— Quer que acreditemos que é herói sozinho? – o fazendeiro ironizou. – Sabemos que são dez ou onze e como agem. Acha que sou tolo de acreditar que um padre franzino tenha feito sozinho essas fugas? Vamos embora!

Alguns homens levaram os quatro prisioneiros para a fazenda. Outros ficaram com Josias, e o fazendeiro com outros dois levaram José Maria para o convento. Fizeram muito barulho, bateram no portão e gritaram pelo padre superior. Acordaram todos e o superior veio apressado.

— A bênção, padre superior – pediu o fazendeiro. – Demos um fim ou estamos dando um fim no grupo abolicionista que estava fazendo arruaça na região, fazendo-nos, donos de escravos, de bobos. Entre eles, imagine o senhor, encontramos um padre daqui. Em respeito à religião e ao senhor, nada fizemos a ele, trouxemo-lo preso. Espero que tome as providências, porque não vou tolerar vê-lo solto por aí. Está espantado? Veja o senhor mesmo! Não é o padre José? Pois bem, aqui está! Vamos embora que temos muito o que fazer. Ah, tem mais, ele afirmou ser o líder do grupo, se é, não sei, nosso delator não deu nomes. Um deles o traiu, recebeu boa quantia de dinheiro, mas não irá aproveitar – riu cinicamente. – Boa noite!

– Boa noite!

Foi só o que o padre superior conseguiu dizer. Acordara com o alvoroço, assustara-se e ficara ainda mais assustado ao ouvir o fazendeiro, somente conseguira mexer a cabeça. O fazendeiro retirou-se com seus homens.

Padre superior coçou a cabeça, suspirou. Os padres, todos do convento, estavam ali. Acordados, vieram ver o que estava acontecendo. O desencarnado alemão estava atento, e o ex-escravo preocupou-se. Eu tentava ficar calmo, e José Maria estava tranquilo.

– Seu miserável! – exclamou por fim o padre superior. – Envergonha-nos! Ter que ouvir insultos desse fazendeiro grosseiro. E pior que ele tem razão. Lugar de padre é na igreja, e não defendendo esses negros sujos. Vocês dois – apontou para dois padres –, segurem um em cada braço dele. Darei a ele a lição que merece!

Pegou o chicote que ficava dependurado atrás da porta e chicoteou José Maria nas costas. Esta atitude surpreendeu todos, até o alemão, e eu pedi a ele:

– *Por favor, impeça-o de fazer isso!*

– *Eu? Claro que não!*

Fiquei atrás dele. Mas as chicotadas, o chicote, passavam por mim sem me lesar e iam com força nas costas dele. Meu filho não se mexia, os dois não precisavam segurá-lo, mas, na medida em que o chicote lhe cortava a carne, tiveram que ampará-lo. José Maria tonteou e desmaiou. Padre superior parou e ordenou rápido:

– Levem-no para o porão e deixem-no lá!

Sofri muito. Como é triste ver pessoas que amamos sofrer injustamente. Mas lembrei dos ensinamentos de um dos meus instrutores: "Antes ser imerecido o castigo, recebê-lo inocentemente, do que ser culpado". Queria ter recebido as chicotadas no lugar dele, sofrido por ele. José Maria permaneceu tranquilo, segurou os gemidos, na sua mente vieram as cenas do flagelo de Jesus. Ele também foi açoitado. Meu filho sabia que era perigoso ser abolicionista, correu os riscos. Preocupou com os companheiros e pedia ajuda a Deus por eles, mas não para si.

Dois padres o levaram ao porão, abriram a porta e o jogaram. Na queda, caiu em cima da perna direita e a quebrou. Novamente perdeu os sentidos. Fecharam a porta e ele ficou na mais completa escuridão. Chamei pelo médico meu amigo. Ele veio e aplicou um remédio que lhe tirou um pouco as dores. Ele despertou.

– *É necessário, Lourenço, que ele enfaixe a perna antes que ela inche.*

"José Maria, meu filho" – disse-lhe com carinho –, *"tire a camisa, o que resta dela, e enfaixe a perna".*

Ele sentou-se e me atendeu. Com dificuldade tirou a camisa retalhada e toda suja de sangue e enfaixou a perna.

Estava ofegante, deitou no chão de bruços, nosso amigo médico deu-lhe um passe e ele adormeceu.

– *Está muito ferido e necessitado de água e cuidados. Lourenço, acalme-se! Inquieto não o ajudará. Voltarei para vê-lo.*

Foram dias terríveis. Padre superior não deixou ninguém ajudá-lo. Somente lhe deram água. Ele sentiu muitas dores e teve uma febre que o fez delirar. Fiquei ao seu lado, como também muitos amigos desencarnados vieram vê-lo.

Só com a ordem do padre superior iria ser libertado, tentei fazer que o tirasse do castigo. José Maria não iria resistir por muito tempo, fraco, com febre alta e sem se alimentar, jogado no porão úmido e frio que só tinha uma escassa claridade durante o dia. Pedi humildemente ao alemão.

– *Não temos por que ajudá-los. Deveriam ter ficado quietos em vez de auxiliarem esses seres imundos.*

O grupo de vingadores não quis interferir. Orei pedindo ajuda, então veio um espírito que se apresentou a nós:

– *Sou um cardeal, fui um cardeal e como superior vocês me devem obediência. Aqui vim para que libertem o padre José.*

Olhou para o alemão, que ao vê-lo se alegrou, depois desconfiou, mas ficou quieto ouvindo-o.

– *Sabe que age errado. Já foi advertido várias vezes. Já escutou conselhos e vocês dois continuaram agindo erradamente. Quero que fale ao padre superior, que ele liberte e mande cuidar deste padre.*

O desencarnado alemão temeu, ali estava um superior dele, sem muita vontade obedeceu. Chegou perto do padre superior e cochichou ao seu ouvido, porém o ouvimos.

– *É melhor mandar soltar o padre José e cuidar dele, senão ele irá morrer.*

"Que morra!" – pensou o padre superior. – "Nem a congregação nem o convento perderão nada".

O alemão inquietou-se diante do olhar desse espírito e insistiu:

– *Solte-o e cuide dele já!*

No mesmo instante o padre superior atendeu, demonstrando o quanto os dois agiam juntos. Foi por isso que esse espírito que veio nos ajudar ordenou que o alemão desse a ordem ao padre superior. Sabíamos que ele tinha influência sobre este. Sem hesitar, como se tivesse resolvido um problema, o superior chamou um dos padres e deu a ordem:

– Vá ao porão e socorra aquele infeliz do padre José. Peça ao padre Afonso para cuidar dele.

Suspirei aliviado e agradeci a interferência desse bondoso espírito.

O padre saiu apressado para cumprir a ordem, chamou dois escravos e foram ao porão. Estremeceram de pena ao ver José Maria, pegaram-no com cuidado e o levaram para o quarto. Deram-lhe leite quente e um banho, chamando padre Afonso para cuidar dele. Padre Afonso e os dois escravos limparam cuidadosamente os ferimentos e enfaixaram novamente sua perna. Deixaram-no em seu leito.

José Maria, nesses cinco dias em que ficou no porão, não reclamou. Agora no seu leito deu graças a Deus, sentiu-se confortável e a febre cedeu. Um escravo foi escalado para cuidar dele e o fez com muito carinho. Estava fraco e não conseguia nem sentar sozinho, mas sua preocupação ainda era com os companheiros. Indagou ao escravo que cuidava dele:

– Amâncio, você sabe o que aconteceu com os outros? Com os meus companheiros?

– Três foram mortos naquela noite – contou o escravo –, dois dos seus companheiros e um do grupo do fazendeiro. Josias foi embora para o Rio de Janeiro a mando do pai. Há dois presos e dois morreram na senzala para onde foram levados, dizem que foram torturados. Foi descoberto o esconderijo dos escravos fujões, a casa mal-assombrada. Parece que tudo acabou, padre José. Sinto muito. Mas dois fugiram e não foram capturados. Agora tem o senhor Firmindo, que apareceu morto, enforcado, não se sabe se tinha ligação com o grupo ou não. Uns dizem que foi ele o traidor, que se arrependeu e se suicidou.

– Coitado! – exclamou meu filho suspirando. – Coitados!

José Maria se recuperava lentamente.

CAPÍTULO 13

A tarefa realizada

Eu também procurei ajudar os companheiros de meu filho e saber o que aconteceu de fato. Josias foi levado ao pai, que quase teve um ataque do coração com o desgosto. Dois dias depois foi levado por cinco empregados ao Rio de Janeiro. Lá teria que trabalhar para viver. Seu pai não lhe deu mais dinheiro. Seus tios o abrigaram e o sustentaram até que arrumou um emprego. Logo ele passou a fazer parte de outro grupo abolicionista.

Os dois que fugiram foram para a casa assombrada e na noite seguinte para o quilombo, e de lá para outra cidade, onde se estabeleceram e não quiseram mais lutar por seu ideal.

| 153

Os que foram presos foram torturados, contaram tudo e a casa assombrada foi destruída. Dois morreram e dois ficaram meses presos, depois foram libertados doentes e marcados pelas torturas. Deixaram a cidade.

Os quatro que desencarnaram foram socorridos por ex--escravos, levados a um posto de socorro. Três aceitaram o socorro, mas um, revoltado, foi se enturmar com os vingadores. Conversei com ele muitas vezes, mas não consegui fazê-lo mudar de opinião, optou por se vingar.

Firmindo os traiu por dinheiro, mas não se suicidou. Após ter delatado os amigos e recebido a recompensa, ficou na mira do grupo dos escravocratas. Após terem efetuado a prisão, o fazendeiro mandou três do grupo à sua casa, pegar o dinheiro de volta e assassiná-lo. Mas deixaram que pensassem que ele havia se matado. Firmindo desencarnou revoltado e foi levado pelo grupo dos vingadores. Para esse grupo, ele era o mais vil de todos. Sofreu muito e foi socorrido muitos anos depois.

José Maria, com a perna enfaixada, ficou imobilizado, ficava deitado ou sentado no leito, andava com a ajuda de Amâncio pelo quarto.

Padre Afonso cuidava de meu filho, dava-lhe remédios, fortificantes e ia vê-lo quase todos os dias. Entendia bem de Medicina e, embora não tivesse estudado, lia muito sobre o assunto. Com ele estava sempre um espírito que fora médico quando encarnado e que o ajudava a tratar dos doentes.

Conversava muito com os desencarnados que ficavam no convento ou no colégio, como passou a se chamar depois. Trocávamos ideias sobre o nosso trabalho. Este médico, Natanael, comentou quando nos reunimos para conversar:

– *Queria tanto que padre Afonso também usasse seus conhecimentos para aliviar as dores dos pobres e escravos. Por mais que lhe peça, ele não me atende. É fiel ao padre superior e não questiona o que ele diz ou o que ensina a Igreja, obedece cegamente. Tenho alertado para pensar e achar soluções por si mesmo. Não raciocina, acata o que eles dizem. Afirmam que negros não têm alma, ele acredita e, por mais que lhe mostre a realidade, insiste em pensar erradamente.*

– *Eu* – contou um outro desencarnado, guia, protetor de um outro padre – *tenho me esforçado para que meu companheiro encarnado aja corretamente, ele mente muito, inventa histórias e aumenta fatos, tento ajudá-lo a vencer esse vício, mas está difícil.*

– *Ora* – disse outro –, *meu trabalho também não é fácil. Fui pai de Armando, o cozinheiro, tenho tentado alertá-lo para o bem. Ele não é mau, é trabalhador, mas não quer nem se instruir, nem fazer o bem. Prefere ver os maus exemplos em vez dos bons. É revoltado contra o mal, mas nada faz de bom. Só ver o mal e nada fazer não resolve a situação. Queria que ele não reclamasse e ajudasse as vítimas da maldade.*

– *Eu tenho vindo visitar meu filho* – uma senhora bondosamente também quis dar seu parecer. – *Não queria que fosse padre, mas, já que entrou para a congregação, imaginei que seria um santo. Mas ele estuda, leciona também, é inteligente, porém é alheio aos acontecimentos à sua volta. Além dos estudos, nada mais lhe interessa.*

Estava conosco uma senhora desencarnada havia muitos anos, fora escrava, agora tentava ajudar um grupo de encarnados amigos, e era guia de uma escrava. Ela estava em situação diferente de nós, sua protegida encarnada a via, conversava, incorporava-a e se queixava muito por ela não conseguir melhorar a vida deles. Esta senhora nos disse:

— *Vejam, amigos, a minha dificuldade. Amo-a, gosto de todos do grupo e queria que fossem felizes. Tento mostrar a eles que dificuldades no corpo físico são um meio de que dispomos para achar soluções e aprender. Não posso fazer o que eles me pedem, não posso resolver todos os seus problemas, cobram-me isso e me entristecem.*

Entendi que era somente eu a não ter queixas do protegido e me alegrei.

Dias depois encontrei Natanael muito triste, indaguei o porquê e ele me respondeu:

— *Padre Afonso não quis cuidar de uma escrava que teve um aborto espontâneo. Teve nojo dela. Eu insisti com ele e nada. Só consegui que ele explicasse a outra escrava o que fazer para ajudá-la. Tentamos, a escrava e eu, atendê-la, está com uma forte infecção, talvez não resista e ela tem quatro filhos. Imagina, ter nojo de um ser humano!*

Pensei muito sobre o assunto, querendo saber mais. Fui à colônia conversar com meu instrutor, meu amigo Josoel, e o indaguei logo após os cumprimentos:

— *Como seria realmente um bom protetor?*

— *Tomando por princípio que a herança psíquica no mundo físico é por necessidade de individualização egoísta, precisamos motivar nos nossos protegidos os impulsos de solidariedade. Nos mais abastados induzi-los a sentir com os mesmos problemas, assim eles sentirão desejos de ajudar a outros, pois tiveram a possibilidade de sentir a mesma coisa. Nos menos* afortunados financeiramente, induzi-los a ver que a dificuldade financeira não os impede de ser benevolentes e que há muitos modos de ser útil. Se o protetor ou guia consegue atingir esses objetivos, pode não mudar interiormente, na essência, seu protegido, mas vai colocá-lo num estado vibracional de solidariedade que o fará receptivo à intuição de que a dor ou a vitória do próximo será também a dele, pois verá que somos um só dentro do grupo humano. Todos os homens, apesar de terem potenciais diferentes, sofrem e aspiram as mesmas coisas, têm os mesmos sentimentos. Enfim, caminhamos para um único objetivo, ser bom.

— Mestre — sorri —, sei que não gosta que o chame de mestre...

— Prefiro que me chame pelo nome de hoje, Josoel. É um belo nome, não? Já me sinto gratificado por tê-lo, embora, se eu tivesse outro nome, não faria diferença.

— Josoel — opinei —, acho que a caridade é ponto fundamental e que ela beneficia a humanidade. Mas tenho notado que a maneira como muitos a fazem não os modifica, pois muitos a praticam para receber algo mais ou para se sentir superiores. Eu queria ser bom, não porque Deus quer ou porque Jesus ensinou, ou alguém disse ou ordenou. Mas ser bom porque minha natureza passou a ser boa. Não sei o que fazer para que essa mudança se realize em mim.

— Lourenço, Jesus disse a Nicodemos que era necessário que ele renascesse pela água e pelo espírito. O que temos feito ou acontecido? Você morreu para o corpo, eu também. E você é o mesmo. Houve uma continuação, embora em plano diferente. Somos os mesmos! O Nazareno disse que é necessário que renasçamos e para isso é necessário que se morra. Este morrer, *não confundir com a morte do corpo, é uma mutação espontânea que nós realizamos pela visão da verdade, que é conteúdo da nossa consciência. Pense sobre isso, medite e volte a falar comigo se ainda tiver dúvidas.*

Despedi-me dele agradecido. Compreendi que Josoel queria que eu pensasse e achasse por mim mesmo a melhor maneira de fazer essa mudança interior.

Dois padres iriam para São Paulo e o padre superior achou melhor mandar junto José Maria. Prometera ao fazendeiro que ele não ficaria mais ali.

– Deverá partir – disse padre Afonso a ele. – Irá para o colégio de São Paulo depois de amanhã. Está fraco para viajar, mas o padre superior achou melhor o senhor partir, e logo.

José Maria nada respondeu, ainda bem que o escravo Amâncio, que cuidava dele, iria junto para ajudá-lo.

Sua bagagem era duas trocas de roupa e alguns remédios que padre Afonso preparou para ele.

Partiram de manhã, não foi permitido que se despedissem de ninguém. Meu filho olhou tudo com carinho, ao passar perto da casa onde ensinava à noite, seu coração bateu forte. A casa estava fechada, a escola agora estava nas mãos de alguns alunos, os que sabiam um pouco ensinavam os que nada sabiam.

"Aqui fui feliz!" – pensou. – "Fui útil!"

A viagem foi muito difícil para ele. O escravo tudo fazia para amenizar seu sofrimento. O caminho era difícil, às vezes ia na carroça em cima das roupas e pertences de viagem, ora ia a cavalo. Sentia muitas dores, fraqueza e tontura. Mas não se queixava. Estava sempre animando os outros que reclamavam ora do calor, ora do sol forte, ora da chuva.

Pensei que ele iria desencarnar na viagem. Meu amigo médico veio a meu pedido vê-lo muitas vezes.

E como sempre acontecia, logo fez amizade com os companheiros de viagem e estava aconselhando e orientando a todos. Um dia, um dos padres até comentou:

— Conhecendo-o, padre José, vejo-o agora diferente. Padre superior nos recomendou que ficássemos atentos ao senhor, que era perigoso e encrenqueiro. Como o senhor pode ser perigoso? Como foi parar no movimento abolicionista? Por que desobedeceu às ordens superiores?

— Prefiro — respondeu José Maria tranquilamente — obedecer à voz de minha consciência e a de Cristo. O senhor acha que se Jesus viesse à Terra iria concordar com a escravidão?

— Acho que não... — concordou o padre.

— Penso como Ele! — exclamou rindo José Maria.

Chegaram ao colégio de São Paulo, meu filho estava fraco, cansado e tinha muitas dores. O superior desse colégio mandou-o logo para o quarto e pediu a um padre já idoso, padre Marinho, para ajudá-lo. O quarto que lhe foi destinado era pequeno e perto do jardim.

Meu filho se deliciou com um bom banho de água quente e um leito confortável. Bondosamente padre Marinho cuidou dele. O escravo que o acompanhou veio se despedir três dias depois.

— Padre José, sua bênção! Volto para o convento. Estou triste! Lá não será a mesma coisa sem o senhor.

— Será sim! — afirmou meu filho. — Todos os lugares são bons quando estamos de bem com nós mesmos e com Deus. Vá em paz! Que Jesus o abençoe!

O escravo chorou, e José Maria o abraçou e agradeceu emocionado.

– Obrigado, Amâncio! Você foi muito bom comigo. Ajudou-me muito!

Com a mudança brusca de clima, meu filho adoeceu. Ficou febril por dias, com muita tosse e dores pelo corpo. Mas melhorou e se fortaleceu. Sua perna não ficou mais normal, não tinha movimentos e ele só andava escorado e com apoio. Passou a ir muito ao jardim e fez amizade com Osvaldo, um senhor gentil que era o jardineiro do colégio.

Como melhorou, ficou inquieto, queria fazer algo e pediu ao padre Marinho que intercedesse junto ao padre superior. Este assim o fez.

– Padre José – disse padre Marinho –, falei com o superior, ele me informou que a ordem que ele teve foi para que o senhor ficasse como prisioneiro, não deve sair do colégio nem lecionar. Mas achamos algo para o senhor fazer. A biblioteca está precisando de alguém para cuidar dos nossos livros. Aceita?

– Com prazer! – meu filho ficou contente.

E lá foi ele no outro dia para a biblioteca. Organizava os livros com a ajuda de um escravo, limpava-os e passou a orientar os alunos em pesquisas e leituras, começou a ler muito.

Muitos amigos desencarnados o estavam sempre visitando. Um dia, tive uma surpresa, Josias veio nos ver, falou sorrindo:

– *O senhor então é o pai do padre José? Que bom saber que ele está bem amparado pela espiritualidade.*

Sorri timidamente. Seria eu digno de ser tachado de amparo de alguém? Respondi:

– Caro Josias, José Maria é amparado por sua vontade, fé e amor. Três forças imbatíveis. Eu aprendo com ele. Mas me conte, como desencarnou? E pelo visto está bem.

– Graças aos desencarnados meus amigos, que foram escravos, estou bem. Reconheço que fiz muitas coisas erradas, mas, como o senhor, estou a fim de aprender para acertar. Quando o nosso grupo foi desfeito, fui para o Rio de Janeiro e lá arrumei um trabalho numa gráfica de um jornal e passei a fazer parte de um grupo abolicionista. Mas a paixão me traiu. Explico: tornei-me amante de uma linda mulher que era também de um marechal. Estava apaixonado como muitas vezes estive. Íamos fazer, eu e mais dois companheiros, uma libertação espetacular de dois escravos que estavam presos no tronco, numa chácara perto da cidade. A façanha foi marcada para a noite, e à tarde fui me encontrar com ela. Levado por seu jogo, falei da aventura que planejávamos. Quando estávamos para ir a essa chácara, um escravo dessa mulher veio nos alertar que corríamos perigo. Ela, para agradar o outro amante, o marechal, contou a ele dos nossos planos. Ficamos em dúvida se devíamos ir ou não, acabei por decidir:

"– Os dois escravos vão morrer se não forem soltos. Infelizmente caí como um bobo nas artimanhas dessa infeliz delatora, mas só contei a ela que libertaria os escravos, e não para onde os levaria. Sendo eu o responsável, não quero que vocês dois se arrisquem. Vou sozinho!

"Os dois companheiros não quiseram se arriscar e eu fui, mas após soltar os dois escravos fui surpreendido, corri, atiraram, fui atingido e meu corpo morreu. Não consegui libertar os escravos, que morreram também, mas com a desencarnação tornaram-se livres.

"Confesso que me perturbei com a desencarnação, mas logo estava bem, fui tratado com muito carinho pelos negros que tentei libertar desse cativeiro infame que é a escravatura. Estou bem e tive permissão para visitar padre José e outros amigos, estou estudando para depois trabalhar arduamente pela libertação dos escravos, nossos irmãos negros."

– Não guarda mágoa dessa senhora que o traiu? – indaguei.

– Ora, burro fui eu de me deixar engabelar por ela. Paguei pelo erro de me envolver com mulheres. Nessa encarnação optei por ficar solteiro, não queria pôr em risco esposa e filhos, quis ser abolicionista e fiz disso meu ideal e objetivo. E ser abolicionista é perigoso, é arriscar-se, não me arrependo, desencarnei feliz. Depois, os desencarnados amigos que me socorreram me falaram muito da necessidade de perdoar. Só quero lembrar dos bons momentos que tive, dos ruins, nem os tive, esqueci.

Josias riu e abraçou José Maria se despedindo:

– Fique com Deus, amigo! – olhou-me e concluiu: – Acho, senhor Lourenço, que meu amigo, padre José, nunca esqueceu que tem a Luz Divina em si. Está sempre com Deus, sente-O em si e no seu próximo. Até logo!

Alegrei-me com essa visita.

Um dia veio uma notícia. Padre Marinho contou ao meu filho a novidade:

– O padre superior do seu antigo colégio faleceu. O quarto dele pegou fogo e ele morreu carbonizado.

Meu filho se pôs a orar por ele e preocupou-se: "Será que se suicidou? Foi assassinado?"

Fui saber. O padre superior embriagou-se e uma vela encostou em suas vestes, não deu para ele apagar o fogo, que se alastrou rápido. Desencarnou com muita agonia. O grupo de vingadores o desligou do corpo carbonizado e o levou para o umbral, julgaram-no e o condenaram a sofrimentos terríveis, e também levaram o alemão desencarnado.

Fui até os vingadores interceder por ele. O chefe me recebeu demonstrando desagrado:

– *Eu o recebo porque foram úteis a muitos escravos, você e seu amigo encarnado. Mas por que intercede? Ele pediu?*

– *Não* – respondi timidamente. – *Mas o conheço e...*

– *Esqueceu por acaso que ele surrou o padre José? Que o prendeu no porão sem alimento?*

– *Esqueci...*

– *Se tem a mania dos bons de esquecer as ações más e lembrar as boas, diga-me uma boa ação que ele fez para vir aqui interceder por ele.*

– *Bem* – respondi –, *não sei, mas não tenho por que saber, convivi pouco com ele e...*

– *Chega, amigo, vá cuidar do seu trabalho!*

– *Por que somente agora trouxe o alemão para cá?* – indaguei. – *Por que permitiram que ele ficasse junto ao padre superior enquanto estava encarnado?*

– *Os dois agiam juntos, tiveram o tempo para plantar e agora o de colher. Não o trouxemos antes porque nos convinha que fizessem mais atos errados, o possível para que nossa vingança fosse perfeita.*

Entendi, são os nossos atos que nos libertam trazendo a paz ou nos condenam ao remorso dolorido, ou, se ainda não estivermos arrependidos, outros que se julgam credores podem exigir pagamento. Deixaram que ele e o alemão errassem para que tivessem mais o que cobrar. Quanto maior a dívida, mais achavam credores.

Nada adiantaram meus rogos, não me deixaram vê-los. Depois, os dois, revoltados e orgulhosos, não queriam a ajuda que eu podia oferecer. E por anos ficaram ali até que a dor os levou ao cansaço. Chegaram à conclusão de que agiram errado e chamaram por socorro.

José Maria estava contente no colégio da cidade de São Paulo. Estava aprendendo muito e aos poucos tornou-se querido por todos. Mas sua saúde era precária, andava com muita dificuldade, tinha dores pelo corpo, estava magro, mas sua expressão era sempre alegre, irradiava paz. Logo completaria cinquenta e dois anos.

Ele levantava sempre muito cedo e, quando o tempo estava bom, ia ao jardim ver o sol nascer. E foi num dia assim que se sentou e pôs-se a orar, e eu sentei-me ao seu lado e muitos amigos vieram visitá-lo. Leonor, Marita, Amâncio, Lenizo e vários ex-escravos. Estranhei. Leonor explicou:

– *José Maria irá desencarnar. Viemos lhe dar as boas-vindas.*

Um socorrista aproximou-se. Deu-lhe um passe e ele ficou sonolento. Sentiu por um instante uma dor forte no peito, seu coração parou, mas voltou em segundos e sentiu-se bem. Ele nos viu, sorriu feliz e foi adormecido.

Em poucos minutos estava desligado. Marita explicou a Amâncio:

– José Maria é desapegado da matéria, seu desligamento só podia ser rápido.

Foi levado para a colônia pelo socorrista e todos os amigos o acompanharam. Eu fiquei. Olhei para o seu corpo físico, este era magro, estava pálido, mas sorrindo feliz.

Senhor Osvaldo, o jardineiro, chegou e o cumprimentou:

– Bom dia, padre José! Está dormindo? Vai chegar atrasado à biblioteca. Deve estar sonhando com os anjos. Está sorrindo!

Chegou mais perto, examinou-o, depois passou a mão na frente do seu nariz. Exclamou assustado:

– Meu Deus! Ele morreu!

Saiu correndo a chamar pelo padre Marinho, este veio rápido e constatou:

– Padre José faleceu!

Providências foram tomadas e seu corpo foi velado na capela. No outro dia pela manhã foi enterrado numa cerimônia simples como sua vida.

Quando o enterro terminou, despedi-me dos amigos desencarnados que estavam no colégio por vários motivos e fui para a colônia. José Maria estava bem, acordou feliz por ver seus amigos. Seu corpo perispiritual era sadio e despertou refeito, disposto e alegre. Estava na casa de Marita e Amâncio. Fui vê-lo.

– *Meu pai!* – exclamou. – *Como é bom abraçá-lo e poder agradecer tudo que fez por mim.*

Sorri. Como aprendi com ele. E como o saber é um tesouro precioso. Compreendi que o amor é a maior força de que dispomos e a mais importante de todas as qualidades, e com ele tive inúmeros exemplos de atos de amor.

José Maria, curioso, indagava muito, rapidamente se inteirou da vida no Plano Espiritual. Dias depois já estava pronto para estudar e continuar seu trabalho.

Fiquei uns dias com ele e conversamos muito.

– *Meu pai* – decidiu ele –, *vou estudar e depois me dedicar à orientação das pessoas que dizem seguir uma religião. Quero auxiliar todos a ser religiosos, a ter Cristo no coração e como exemplo. Ter a religião interiormente, seja qual for, e não só de rótulo. A religião de atos externos é pouco, muito pouco e não ajuda ninguém. Quero despertar o amor nas pessoas, levá-las a amar a si mesmas e a todas as criaturas. E vou me empenhar com todo carinho nesse objetivo.*

– *E eu, meu filho, devo reencarnar. Quero colocar em prática o que aprendi.*

Meses depois, me despedi dos amigos. Pela bendita oportunidade, voltaria a um outro corpo. Reencarnaria...

Epílogo

    Depois de outra encarnação, voltei ao plano espiritual. Aproveitei a oportunidade da reencarnação e trabalhei no corpo físico como facultativo, senti-me realizado com a Medicina. Estava contente.

    Recordei, após algum tempo, todas ou quase todas as minhas encarnações. Lembrei-me de José Maria, esse amigo querido que nunca me abandonou, ia sempre me visitar quando estava no corpo carnal, como também veio me ver muitas vezes quando desencarnado. Tinha-lhe amizade, mas, após me lembrar, entendi que ele era mais que amigo, era um companheiro, um mestre amado. Quis vê-lo e fui visitá-lo. Nosso encontro foi muito emocionante para mim. Dei-lhe um forte e grato abraço.

– *Como tenho que lhe agradecer!* – exclamei alegre. – *Com você aprendi muito. É meu exemplo a ser seguido. Meu filho, realizei-me exercendo meus conhecimentos médicos nessa minha última encarnação.*

José Maria sorriu com seu modo agradável e bondoso, olhou-me carinhosamente. Ele estava havia anos desencarnado, lecionando em colônias de estudos, tendo como objetivo ensinar, orientar pessoas que usaram imprudentemente alguma religião. Também era mestre de muitos que almejavam reencarnar e ser religiosos e motivar as pessoas a se modificarem e a realmente viverem os ensinamentos de Jesus.

– *Se você se sente pleno na Medicina, por que não exercitar a plenitude em outro setor? Na Literatura?* – indagou-me.

– *Tive uma experiência com a Literatura no passado que não foi muito enobrecedora* – lembrei.

Lembranças vieram... França... Estava desencarnado quando, numa festa no umbral, conheci um encarnado que, desligado do corpo enquanto dormia, foi o homenageado. Era um escritor. Não era de muito talento, mas escrevia muitas besteiras a gosto dos umbralinos. Não gostei dele, não sabia o porquê. Entretanto me senti atraído e passei a ficar junto dele. Aceitou-me. Então dava-lhe ideias que acreditava serem fabulosas.

Novamente não cito nomes. Esse episódio pelo qual sofremos muito e cujos erros sentimos terem sido reparados no momento foi um período em que abusamos do talento de modo indevido, de algo que nos foi dado como oportunidade de crescermos espiritualmente. Esse escritor era boêmio, escrevia versos no começo de sua carreira e os vendia. Depois conseguiu escrever livros, foram poucos. Vivia com amigos afins, que ele sustentava. Diverti-me junto deles. Eram alegres, bebiam muito e viviam fazendo intrigas e chantagens. Ele teve muitos amores, porém mesmo errando muito essas pessoas do grupo eram amigas.

Ajudava-o. Será que é o termo correto? Ajuda não é quando só fazemos o bem? Era o que eu achava que fazia na época. Advirto os encarnados da necessidade de se acautelar e de aprender a distinguir o que é bom do que é ruim. Achava imprudentemente que o auxiliava, inspirando-o a fazer o que ele queria. Mas o que queremos é sempre bom para nós? Não é. Não foi a nenhum de nós. Erramos muito. Continuei não gostando dele, mas gostava de seus amigos e, para que todos vivessem bem financeiramente, precisava inspirá-lo, porque todos viviam de seus escritos e das consequências deles. Eram histórias picantes, eróticas, em que sempre colocava ideias ateístas. Deus existia só na imaginação dos tolos e os mais inteligentes não precisavam dessa muleta.

Um chantageado o assassinou. Desencarnou com cinquenta e um anos, no auge da existência desregrada. Ficou por um tempo no corpo, vendo-o apodrecer. Dispersaram-se os amigos, repartiram o que ele tinha e saíram dali, da casa em que viviam. Acompanhei um deles, o que mais gostava. Depois de anos reencarnei longe deles.

José Maria aquietou-se enquanto pensava, depois indagou calmamente:

— *Por que não dignificar então essas experiências transformando-as em trabalho, como também criar ambiente para que outros também se transformem?*

— *Pensei que ficaria um bom tempo no Plano Espiritual. Devo reencarnar? Ou como poderei me exercitar estando desencarnado?* — perguntei preocupado.

– *Poderá fazer no plano que está, desencarnado! Você não o inspirou a escrever no passado? Agora poderá inspirá-lo novamente.*

– *Mas?!* – balbuciei.

– *Você já não fez isso? E o fez de modo indevido. Por que não fazer agora para o bem? Por esse trabalho farão as pessoas crerem de modo certo. Mas não irá inspirá-lo, mas escrever por seu intercâmbio. Agora essa pessoa, o escritor do passado, é médium e tem um bom potencial.*

– *É algo difícil! Esse espírito não tem mais o dom, o talento de escrever. Ele não sabe nada!*

– *Quem teve, sempre terá. Agora adormecido, poderá ser despertado. Depois será você que irá escrever.*

– *Vai ser trabalhoso! Teremos que treinar por anos* – lamentei desanimado.

– *Foi fácil você motivá-lo ao mal? Por anos inspirou-o. Por que quer facilidades? Merece?*

Envergonhei-me. Entendi que aqueles que merecem são os que normalmente não têm facilidades. E nada se faz bem-feito sem o trabalho perseverante e honesto. Em se tratando desse intercâmbio mediúnico, sempre é necessário treino, estudo e aprendizado.

José Maria, falando tranquilamente, elucidou-me:

– *A beleza e o prazer de realizar um trabalho estão contidos no desafio de uma dificuldade. Ao lado dessa médium poderá exercitar a paciência do amor, da dedicação a um ser humano e, como nos ensinou Jesus, amar ao próximo como a si mesmo. Se quer crescer ajude o próximo como se fosse para si mesmo. Se você quer realizar, possuir a plenitude da vida, ajude os outros a fazer o mesmo. Depois, estão encarnados todos que fizeram parte dos acontecimentos daquela época. Ninguém coloca a culpa no outro, todos estão cientes de sua parte no erro. Quando chegar o momento certo, se encontraão e creio que cada um fará sua parte. Vamos revê-los?*

Como deve ter percebido o leitor amigo, a antiga esposa, o escritor ateu, Lourdinha e agora minha companheira de trabalho são um só espírito que aprende a amar espelhando-se naqueles que amam.

Após anos de trabalho, de convivência mútua, já não éramos dois, mas sim um só, pois para que o trabalho fosse bem-feito foi preciso que eu ajudasse a médium no seu dia a dia. Para ajudá-la com eficiência era necessário que eu a compreendesse, e para compreender o ser humano é preciso ter as mesmas emoções, viver as suas dores, alegrias, esperanças e frustrações. Um belo dia entendi que já não fazia aquele trabalho para conseguir algo, mas sim por amor. É toda a razão de minha vida. E todos que fazem parte dessa atividade: a médium, as pessoas que com ela convivem, colaboram e os leitores, são seres a quem eu dedico um amor imenso. Eu e eles já somos um só. Amo-os intensamente. É um amor que nasceu na ausência de posse ou de resultados programados. Para mim, Deus está no trabalho, nos colaboradores e naqueles que usufruem desse trabalho. Não vejo Deus, sinto-O em todos.

O QUE ELES PERDERAM

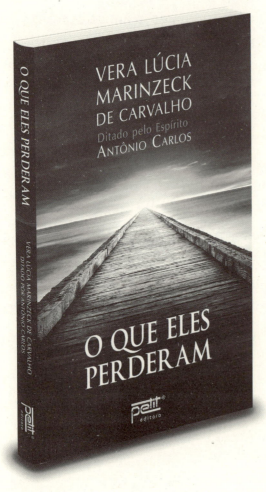

**Vera Lúcia Marinzeck de Carvalho
ditado por Antônio Carlos**

Romance | 16x23 cm | 256 páginas

— Meu Deus! Ajude-me a não perder nada! — rogou Clara.
A aprendiz Clara rogou com sinceridade e de coração no final de um trabalho em que uma equipe de trabalhadores desencarnados, para um estudo, participou de alguns casos em que os envolvidos estavam unidos numa trama obsessiva.
Com riqueza de detalhes, Antônio Carlos, um excelente contador de histórias, transformou em livro alguns relatos de casos que auxiliaram. O que pensam e sentem aqueles que querem se vingar? O obsessor? Tem ele justificativas? Infelizmente, as desculpas não são aceitas. E o obsediado? A vítima naquele momento. Será que é só uma questão de contexto?
Esta leitura ora nos leva a sentir as emoções do obsessor ora as dores do obsediado.
São sete dramas. Que dramas! E os motivos? Paixões não resolvidas, assassinatos, disputas, rivalidades, a não aceitação da desencarnação de alguém que se ama etc.
Por um tempo, ambos, obsessor e obsediado, estiveram unidos. E o que eles perderam? Para saber, terão de ler esta preciosa obra.

boanova@boanova.net | www.boanova.net | 17 3531.4444

Histórias do Passado

**Vera Lúcia Marinzeck de Carvalho
ditado por Antônio Carlos**

Romance | 16x23 cm
240 páginas

 www.boanova.net

 www.facebook.com/boanovaed

 www.instagram.com/boanovaed

 www.youtube.com/boanovaeditora

Renata deixou para o pai dois cadernos: um de conversas psicografadas, que ela teve com a mãe; no outro, Sueli, desencarnada, conta à filha as vivências do passado dela e de amigos, em ações de erros e acertos com os quais amadureceram. Uma grande amizade os uniu e também um amor-paixão. Depois de algumas encarnações juntos, eles se esforçaram e cumpriram o que planejaram. O amor se purificou...

Entre em contato com nossos consultores e confira as condições
Catanduva-SP 17 3531.4444 | boanova@boanova.net

VERA LÚCIA MARINZECK DE CARVALHO
Obras ditadas pelo espírito Patrícia

Violetinhas na janela
20x27 cm | 96 páginas

Violetas na janela
16x23 cm | 296 páginas

Box contendo 4 livros

A casa do escritor
16x23 cm | 248 páginas

O voo da gaivota
16x23 cm | 248 páginas

Vivendo no mundo dos espíritos
16x23 cm | 272 páginas

  www.petit.com.br

O Mistério
do sobrado

Vera Lúcia Marinzeck de Carvalho ditado por Antônio Carlos
Romance | 16x23 cm | 208 páginas

Por que algumas pessoas – aparentemente sem ligação mas com as outras – foram assassinadas naquela sala, sem que ninguém nada escutasse?

Qual foi a razão que levou as vítimas a reunirem-se justamente na casa de dona Zefa – uma mulher de bem, tão querida por toda a vizinhança?

"O mistério do sobrado" é um romance intrigante, que fala de culpa e arrependimento, de erros e acertos.

Uma narrativa emocionante, onde o mistério e o suspense certamente prenderão a atenção do leitor das primeiras até as últimas páginas – conduzindo-o a um desfecho absolutamente inesperado e surpreendente...

petit editora

Entre em contato com nossos consultores e confira as condições
Catanduva-SP 17 3531.4444 | boanova@boanova.net

Av. Porto Ferreira, 1031 | Parque Iracema
Catanduva-SP | CEP 15809-020
17 3531.4444
www.petit.com.br | petit@petit.com.br
www.boanova.net | boanova@boanova.net